Te deseo el amor

PAPA
FRANCISCO

Te deseo el amor

Para que tu vida se llene de luz

Traducción de Natalia Fernández Díaz

PLAZA JANÉS

Papel certificado por el Forest Stewardship Council®

MIXTO
Papel | Apoyando la silvicultura responsable
FSC® C117695

Título original: *Ti voglio bene*

Primera edición: junio de 2025

Printed in Spain – Impreso en España

ISBN: 978-84-01-03597-5
Depósito legal: B-8902-2025

Compuesto en Promograff - Promo 2016 Distribucions

Impreso en Rotoprint by Domingo, S. L.
Castellar del Vallès (Barcelona)

L035975

ÍNDICE

Introducción

El más precioso de los regalos

En primer lugar, os quiero decir a cada uno de vosotros: «Dios te ama». Si ya lo has escuchado no importa, quiero recordártelo: Dios te ama. Nunca lo dudes, te pase lo que te pase. Sean cuales sean las circunstancias eres infinitamente amado, infinitamente amada. Su amor es real, verdadero, concreto, fecundo. Y, en tanto que aquí, en la tierra, todo parece responder a la lógica de dar para recibir, sale gratis.

A mí, a ti, a todos, nos dice: «Te quiero y te querré siempre, eres valioso a mis ojos». No te ama porque piense que tienes razón, no te ama únicamente porque te portes bien: simplemente te ama. Es un amor incondicional, no depende de ti, no es negociable. Puedes haber caído, puedes haber hecho todo tipo de cosas, pero él no renuncia a amarte. Su amor no cambia, no es suspicaz; es fiel, es paciente. En lo bueno y en lo malo, en la salud y en la enfermedad, a sus ojos amorosos apareces bella, bello: no por lo que haces, sino por lo que eres. Hay en ti una belleza indeleble, intangible, una belleza irreprimible que es el núcleo de tu ser. Te ama con tus fragilidades y debilidades. Ama incluso tu cansancio. Ama incluso tus arrugas. Y, en las noches de la vida, te dice: «No temas» (Lucas 2, 10). Ánimo, no pierdas la confianza, no pierdas la esperanza; el amor puede vencer el miedo e incluso las tinieblas de la arrogancia humana.

Te quiero, eres importante para mí, cuento contigo siempre y para siempre: este es el mensaje y el don que hemos recibido.

De esta conciencia nace la alegría y todo lo que realmente importa.

Un regalo tan grande merece muchísima gratitud y aceptar la gracia es ante todo saber agradecer. Aunque poseyeras tanta fe que moviera montañas, si carecieras de caridad, de amor, no serías nada. Así dice el apóstol Pablo, abriendo ante nosotros un horizonte maravilloso: hemos sido creados desde el Amor, por amor y con amor, y estamos hechos para amar. Convertirnos en regalo nosotros mismos es lo que responde a nuestro ser más profundo, a nuestras propias necesidades. Es dar sentido a toda nuestra existencia. Y es la mejor manera de cambiar el mundo: nosotros cambiamos, cambia la historia cuando empezamos a no querer cambiar a los demás, sino a nosotros mismos, haciendo de nosotros mismos nuestro don.

En el transcurso de nuestra vida esta llamada al amor, inscrita en las fibras de nuestro ser y portadora del secreto de la felicidad, ilumina nuestra inteligencia, infunde vigor a nuestra voluntad, nos llena de asombro, hace arder nuestro corazón, llega a nosotros de un modo siempre nuevo, a veces inesperado.

Por eso «te deseo el amor» es a la vez la plegaria más hermosa, nuestra realidad más profunda y el regalo más hermoso y auténtico que podemos hacernos el uno al otro.

Te quiero en veinte pasos

1

Mantén el corazón abierto. Entrégate a la confianza de ser amado por Dios. Su amor siempre va por delante de nosotros, siempre nos acompaña, permanece con nosotros a pesar de todo.

2

Recuerda que vales por lo que eres. Obsesionados por las apariencias, por mensajes machacones que hacen depender la vida de cómo vestimos, del coche que conducimos, de cómo nos miran los demás…, hoy se corre el riesgo de olvidar quiénes somos. Pero aquella antigua invitación, *conócete a ti mismo*, sigue vigente: recuerda que vales por lo que eres, no por lo que tienes. Vales porque eres único.

3

Elige en qué quieres convertirte. Nos convertimos en lo que elegimos, para bien o para mal. Si elegimos robar, nos convertimos en ladrones; si elegimos odiar, nos convertimos en iracundos; si elegimos pasar horas delante del móvil, nos convertimos en adictos; si elegimos pensar solo en nosotros mismos, nos convertimos en egoístas. Pero si elegimos el amor, cada día seremos más amados y felices.

4

Da tú el primer paso. Siempre es necesario dar el primer paso en cualquier actividad y proyecto. En nuestro proyecto de vida, ser el primero en tender puentes, en crear fraternidad, en amar, dirige nuestro camino hacia la realización de nuestro yo más profundo.

5

Haz las paces con tu pasado. El Espíritu cura los recuerdos, colocando en primer lugar lo que vale: el recuerdo del amor de Dios, su mirada sobre nosotros. Así pone orden en nuestra vida: nos enseña a aceptarnos, nos enseña a perdonarnos.

6

Toma las riendas de tu vida. Cuando experimentes amargura y decepción, cuando te sientas menospreciado o incomprendido, no te pierdas en arrepentimientos y nostalgias. Son tentaciones que paralizan el camino, senderos que no llevan a ninguna parte. Abraza el don de vivir cada día.

7

Libérate de lo que obstaculiza el amor. Demasiado tener y demasiado querer ahogan nuestro corazón y nos hacen infelices e incapaces de amar. Son dependencias que envenenan el cuerpo y el alma. Libérate de lo que pesa sobre el corazón y obstaculiza el amor.

8

Ama concretamente como quieres ser amado. El amor no es algo abstracto, etéreo o teórico, algo redactado para impartir un discurso. Jesús propone una primera regla de oro al alcance de todos: «Como queráis que os traten los hombres, así también haced vosotros con ellos» (Lucas 6, 31) y nos ayuda a descubrir que esta reciprocidad no solamente es fuente de justicia, sino también de plenitud.

9

Ama a las personas una a una. Respeta el camino de cada uno, sea lineal o tortuoso, porque cada uno tiene su propia historia que contar. Cada niño que nace es el comienzo de una vida que, una vez más, demuestra ser más fuerte que la muerte. Cada amor que surge es una fuerza transformadora que anhela la felicidad.

10

Recuerda que sin libertad no hay amor. El amor debe su fuerza y su belleza precisamente a esto: genera un vínculo sin quitar libertad. Sin libertad no hay amor, sin libertad no hay matrimonio, sin libertad no hay amistad.

11

Libérate de la envidia. ¿Somos capaces de dejar sitio a los demás? ¿De escucharlos, de dejarlos crecer, de no atarlos a nosotros exigiéndoles reconocimiento? El camino de la alegría está libre de envidia y ayuda a perfeccionarse mutuamente.

12

Alégrate del bien ajeno. Puesto que estamos hechos para amar, experimentamos que no hay mayor alegría que la de compartir un bien. Las alegrías más intensas de la vida surgen cuando podemos aportar felicidad a los demás.

13

Utiliza palabras que alimenten el amor. Por favor, gracias y perdón son cuatro palabras clave: no seamos cicateros al usarlas, seamos generosos al repetirlas, porque algunos silencios pesan, a veces incluso en las familias, entre marido y mujer, entre padres e hijos, entre hermanos, entre amigos. Las palabras justas, dichas en el momento justo, protegen y alimentan el amor día tras día.

14

Estate atento. Amar significa estar atento al otro, ser consciente de sus necesidades, estar dispuesto a escuchar y acoger, estar preparado.

15

Preocúpate por los que no están. El que ama siente nostalgia de los ausentes, busca a los extraviados, espera a los que están lejos. Porque no quiere dejar a nadie atrás.

16

No dejes de contemplar a las personas que amas. La mirada de aprecio es de enorme importancia y escatimarla suele acarrear daños. Muchas heridas y crisis tienen su origen en el momento en que dejamos de contemplarnos.

17

Aprende a desactivar. Quien sigue al Príncipe de la Paz debe procurar siempre la paz. Y la paz no puede restablecerse si a una mala palabra se responde con otra aún peor, si a una bofetada le sigue otra: es necesario *desactivar*, romper la cadena del mal, romper la espiral de violencia, dejar de albergar resentimiento, dejar de quejarse y de compadecerse de uno mismo.

18

No te cierres en banda. El otro es la manera de encontrarte a ti mismo. Naturalmente es difícil salir de tu zona de confort, es más fácil sentarse en el sofá. En lugar de ello, hay que reaccionar, abrirse cuando uno se siente solo, buscar a los demás cuando surge la tentación de encerrarse. Hay que entrenarse en esta «gimnasia del alma».

19

Dale al mundo tu toque único de belleza. Si no aprendemos a cuidar de lo que nos rodea —de los demás, de la ciudad, de la sociedad, de lo creado—, acabamos haciendo de nuestra vida exclusivamente una triste y agotadora carrera. Dale al mundo ese toque único de belleza que solo tú, y nadie más, puedes dar.

20

Siembra fraternidad y cosecharás futuro. Este es el reto de hoy para ganar el mañana, el reto de nuestras vidas individuales y de nuestras sociedades cada vez más globalizadas y multiculturales. Si eres sembrador de fraternidad, serás recolector de futuro… ¡porque el mundo únicamente tendrá futuro en la fraternidad!

I

Tú vales por lo que eres

1

[illegible]

¿Por dónde empezar?

A veces, ante las incomprensiones o las dificultades de la vida, en los momentos de soledad o de decepción, a la puerta del corazón puede llamar esta duda: «Quizá soy yo quien no tiene razón…, quizá estoy equivocado, estoy equivocada…». ¡Es una tentación que hay que rechazar! El diablo introduce esta duda en nuestro corazón para sumirnos en la tristeza. ¿Qué hacer? ¿Qué hacer cuando esa duda se vuelve asfixiante y no nos deja en paz, cuando perdemos la confianza y ya no sabemos por dónde empezar? Hay que volver a encontrar el punto de partida. ¿Cuál es?

¿Sabéis cuál fue el punto de partida de la filosofía, pero también del arte, la cultura, la ciencia? Todo empezó con una chispa, un descubrimiento, expresado con una palabra magnífica: *thaumàzein*. Es la maravilla, el *asombro*. Así empezó la filosofía: a partir de la maravilla ante las cosas existentes, ante nuestra existencia, ante la armonía de la creación, ante el misterio de la vida.

Pero el asombro no es solo el principio de la filosofía, sino también el principio de nuestra fe. El Evangelio nos dice varias veces que cuando alguien se encuentra con Jesús se asombra. En el encuentro con Dios siempre hay asombro: es el comienzo del diálogo con Dios. Y es así porque tener fe no consiste en un conjunto de cosas que creer y preceptos que observar. El corazón de la fe no es una idea, no es una moral: el corazón de la fe es una realidad, una hermosa realidad que no depende de nosotros y que nos deja con la boca abierta: *¡somos hijos amados de Dios!*

Todo empieza con un gran bien

Un hombre que se va de viaje llama a sus criados y les entrega sus bienes. El señor no se queda con su riqueza, sino que la reparte entre ellos: a unos cinco, a otros dos, a otros un talento, «según la capacidad de cada uno» (Mateo 25, 15). Se calculaba que un solo talento correspondía al salario de unos veinte años de trabajo: era un bien sobreabundante, suficiente para toda la vida.

He aquí el comienzo: también para nosotros todo comenzó con *la gracia* de Dios —todo, siempre, comienza con la gracia, no con nuestras propias fuerzas—, con la gracia de Dios, que es Padre y ha puesto tanto bien en nuestras manos, confiando a cada uno de nosotros talentos diferentes. Somos portadores de una gran riqueza, que no depende de cuántas cosas tenemos, sino de lo que somos: de la vida que hemos recibido, de la bondad que hay en nosotros, de la belleza inconmensurable de la que Dios nos ha dotado, porque somos a su imagen, cada uno de nosotros, valioso a sus ojos, ¡cada uno de nosotros es único e insustituible en la historia! Así nos mira Dios, así nos *siente* Dios.

Mantengamos el corazón abierto

Antes de la del pecado, tenemos la revelación del amor con el que Dios creó el mundo y a los seres humanos. El amor es el primer acto por el que Dios se da a conocer y viene a nuestro encuentro. Mantengamos el corazón abierto en la confianza de que somos amados por Dios. Su amor siempre nos antecede, nos acompaña y permanece con nosotros a pesar de nuestro pecado.

Él nos amó primero

Su perdón y su salvación no son algo que hayamos comprado o que debamos adquirir con nuestras obras o esfuerzos. Él nos perdona y nos libera gratuitamente. Su entrega en la cruz es algo tan grande que no podemos ni debemos pagar por ello, solo debemos recibirlo con inmensa gratitud y con la alegría de ser amados tanto antes de poder imaginarlo: «Él nos amó primero» (Juan 4, 19).

Nos acoge siempre con alegría

Me voy a permitir contar una historia, ficticia pero que muestra el corazón del Padre. Hace unos años hubo una ópera pop sobre el tema del hijo pródigo. Al final de la historia, cuando ese hijo decide volver con su padre, se enfrenta a un amigo y le dice: «Sabes, tengo miedo de que mi padre me rechace, de que no me perdone». Y el amigo le aconseja: «Envíale una carta y dile: "Padre, lo siento, quiero volver a casa, pero no estoy seguro de que eso te ponga contento. Si quieres recibirme pon un pañuelo blanco en la ventana"». Y entonces comienza el viaje. Finalmente, tras doblar la última esquina, encuentra su casa frente a él. ¿Y qué ve? No un pañuelo: ¡está llena de pañuelos blancos, en las ventanas, por todas partes! Así nos recibe el Padre: con plenitud, con alegría. ¡Ese es nuestro Padre!

Nos ama con paciencia

«Paciente y misericordioso» es el binomio que se repite con frecuencia en el Antiguo Testamento para describir la naturaleza de Dios. Su ser misericordioso encuentra expresión concreta en muchísimas acciones de la historia de la salvación en las que su bondad prevalece sobre el castigo y la destrucción. «Perdona todas tus culpas, cura todas tus dolencias, rescata tu vida del abismo, te rodea de bondad y misericordia» (Salmos 103, 3-4). Su amor es un amor por nosotros, los seres humanos: «El Señor libera a los cautivos, el Señor devuelve la vista a los ciegos, el Señor levanta a los caídos, el Señor ama a los justos, el Señor protege a los forasteros, sostiene al huérfano y a la viuda, desvía los caminos de los malvados» (Salmos 146, 7-9). Y, por último, he aquí otras expresiones del Salmista: «[El Señor] cura a los quebrantados de corazón y venda a los impíos sus heridas. El Señor sostiene a los pobres, pero derriba a los malvados» (Salmos 147, 3.6).

La misericordia de Dios no es una idea abstracta, sino una realidad concreta con la que revela su amor como el de un padre y una madre que se conmueven desde lo más profundo de sus entrañas por su hijo. Se trata verdaderamente de un amor *vital*. Surge de dentro como un sentimiento profundo y natural de ternura y compasión, de indulgencia y perdón.

Nos ama por nuestro nombre

Jesús es el pastor que viene a salvar a las ovejas descarriadas. «¿Qué os parece? Si un hombre tiene cien ovejas y una de ellas se descarría, ¿no dejará las noventa y nueve en el monte e irá a buscar a la que se descarrió?», dice el evangelista Mateo (18, 12-14). Y así el Señor cuando viene no dice: «Hagamos cuentas, si pierdo a uno de los noventa y nueve, es razonable...». No, no. Uno es único. Porque el pastor no posee simplemente noventa y nueve ovejas, sino que tiene una más una, más una..., es decir, cada una es diferente. Y ama a cada una personalmente. No ama a la masa indistinta. ¡No! De la misma manera, el Señor nos ama por nuestro nombre, nos ama tal como somos.

Toma las riendas de tu vida

Cuando experimentemos amargura y decepción, cuando nos sintamos menospreciados o incomprendidos, no nos perdamos en remordimientos y nostalgias. Son tentaciones que paralizan el camino, senderos que no llevan a ninguna parte.

Tomemos, en lugar de ello, las riendas de nuestra vida desde la gracia, desde la llamada. Y acojamos el regalo de ver cada día como un tramo del camino hacia la meta.

Lo que necesitamos

Dios interviene en la historia dando su propio Espíritu. Porque en aquello que importa nuestras propias fuerzas no bastan. Nosotros solos no podemos resolver las contradicciones de la historia, ni las de nuestro propio corazón.

Necesitamos el poder sabio y manso de Dios, que es el Espíritu Santo.

Necesitamos el Espíritu del amor, que disuelve el odio, apaga el rencor, extingue la codicia, nos despierta de la indiferencia. Ese Espíritu que nos da armonía, porque él es armonía.

Necesitamos el amor de Dios porque nuestro amor es precario e insuficiente.

Pedimos muchas cosas al Señor, pero a menudo nos olvidamos de pedirle lo más importante y lo que él quiere darnos: el Espíritu Santo, es decir, la fuerza de amar. Y sin amor, ¿qué ofreceremos al mundo?

Alguien ha dicho que un cristiano sin amor es como una aguja que no cose: puede pinchar, puede herir, pero si no cose, si no teje, si no une, ¿de qué sirve?

Conócete a ti mismo

¿Recuerdas las famosas palabras grabadas en el frontispicio del Templo de Delfos? *Conócete a ti mismo*. Hoy corremos el riesgo de no saber quiénes somos, obsesionados por las apariencias, por mensajes machacones que hacen depender la vida de cómo vestimos, del coche que conducimos, de cómo nos miran los demás... Pero esa vieja invitación, *conócete a ti mismo*, sigue vigente: reconoce que vales por lo que eres, no por lo que tienes. No vales por la marca de la ropa o los zapatos que llevas, sino porque eres única, eres único.

Pienso en otra imagen antigua: la de las sirenas. Como Ulises en su camino a casa, en la vida, que es un viaje azaroso a la casa del Padre, también tú encontrarás sirenas. En el mito atraían a los marineros con su canto para estrellarlos contra las rocas. En la realidad actual, las sirenas quieren matarte con mensajes seductores e insistentes, centrados en el dinero fácil, las falsas necesidades del consumismo, el culto al bienestar físico, la diversión a toda costa... Son muchos fuegos artificiales, que brillan por un momento y luego solo dejan humo en el aire. Lo comprendo: no es fácil resistirse.

¿Recuerdas lo que hizo Ulises? Ordenó que lo ataran al mástil del barco. Pero otro personaje, Orfeo, nos enseña una forma mejor: cantó una melodía más bella que la de las sirenas y así las silenció.

Por eso es importante alimentar la maravilla, la belleza de la fe. No somos cristianos porque debemos, sino porque es hermoso. Y precisamente para conservar esa belleza decimos no a lo que quiera opacarla. La alegría del Evangelio, el asombro ante Jesús, hace que las renuncias y las fatigas pasen a un segundo plano.

Recuérdalo bien: ser cristiano no es hacer esto, hacer aquello..., hacer cosas. Hay que hacer cosas, pero fundamentalmente no es eso. Fundamentalmente, ser cristiano es dejar que Dios te ame y reconocer que eres único, que eres única ante el amor de Dios.

No te rindas a la noche

No te rindas a la noche. Recuerda que el primer enemigo al que debes vencer no está fuera de ti: está dentro. No concedas espacio a pensamientos amargos y oscuros. Este mundo es el primer milagro que Dios ha realizado y Dios ha puesto en nuestras manos la gracia de nuevas maravillas. La fe y la esperanza se presentan juntas. Cree en la existencia de las más altas y bellas verdades. Confía en Dios Creador, en el Espíritu Santo que mueve todas las cosas hacia el bien, en el abrazo de Cristo, que espera a todo hombre al final de su existencia. Cree, él te espera. El mundo camina gracias a la mirada de tantos hombres que han abierto brechas, que han tendido puentes, que han soñado y creído; incluso cuando a su alrededor oían palabras de burla.

Nunca pienses que la lucha que llevas a cabo aquí abajo es completamente inútil. Al final de la existencia no nos espera el naufragio: en nuestro interior late una semilla de absoluto. Dios no defrauda: ha puesto esperanza en nuestros corazones, no quiere apagarla con frustraciones constantes. Todo nace para florecer en una eterna primavera.

Dios también nos hizo para florecer. Recuerdo aquellos versos del poeta griego Nikos Kazantzakis: «El roble le pidió al almendro: háblame de Dios. Y el almendro floreció».

Aunque caigas, Dios confía en ti

La voz que nos recuerda los fracasos y las carencias resuena a menudo en nuestro interior, diciéndonos: «Mira, otra caída, otra decepción, nunca lo conseguirás, no eres capaz». El Espíritu Santo, en cambio, nos recuerda algo muy distinto: «Has caído... pero eres hijo, eres hija de Dios, eres una creación única, elegida, preciosa; has caído, pero siempre eres amado, amada: aunque hayas perdido la fe en ti mismo, en ti misma, ¡Dios confía en ti!».

Esta es la memoria del Espíritu, lo que el Espíritu nos recuerda constantemente: Dios se acuerda de ti. Tú puedes perder la memoria de Dios, pero Dios no la pierde de ti: se acuerda continuamente de ti.

Cambiemos nuestra perspectiva sobre nosotros mismos

Si nos ponemos delante del espejo corremos el riesgo de no vernos como nos gustaría, porque podemos estar fijándonos en lo que no nos gusta. Pero si nos ponemos delante de Dios, la perspectiva cambia. No podemos dejar de maravillarnos de que somos para él, a pesar de todas nuestras debilidades y pecados, hijos amados por los siglos de los siglos.

Así que, en lugar de empezar el día frente al espejo, ¿por qué no abres la ventana de tu habitación y te detienes en toda la belleza que hay, en toda la belleza que ves? Sal de ti mismo.

Piénsalo: si a nuestros ojos la creación es bella, ¡a los ojos de Dios cada uno de nosotros lo es infinitamente más! Él, dice la Escritura, «ha hecho de nosotros maravillas, verdaderas maravillas» (Salmos 139, 14). Nosotros, para Dios, somos una maravilla impresionante. Déjate invadir por esa maravilla. Déjate amar por los que siempre creen en ti, por los que te aman más de lo que tú puedes amarte a ti mismo. No es fácil comprender esta amplitud, esta profundidad de amor, pero es así: basta dejarse contemplar por la mirada de Dios.

Perdonarse a uno mismo para volver a empezar

Podrías objetar: ¡bellas palabras, pero tengo muchos problemas, heridas y preocupaciones que no se resuelven con consuelos fáciles! Pues bien, es precisamente ahí donde el Espíritu pide poder entrar. Porque él, el Tranquilizador, es el Espíritu de sanación, es el Espíritu de resurrección y puede transformar esas heridas que te queman por dentro. Él nos enseña a no retener los recuerdos de personas y situaciones que nos han herido, sino a dejarlos habitar por su presencia. Es lo que hizo con los apóstoles y sus fracasos: habían abandonado a Jesús antes de la pasión, Pedro le había negado, Pablo había perseguido a los cristianos.

Y pensamos en nuestros errores: ¡cuántos y cuánta culpa! Por nosotros mismos no hallaremos salida. Solos no; con el Tranquilizador, sí. Porque el Espíritu sana los recuerdos.

¿Cómo? Poniendo en primer lugar lo que importa: el recuerdo del amor de Dios, su mirada sobre nosotros. Así *pone orden en la vida*: nos enseña a aceptarnos, nos enseña a perdonar, a perdonarnos. No es fácil perdonarse: el Espíritu nos enseña ese camino, nos enseña a reconciliarnos con el pasado. A empezar de nuevo.

Nadie es inmune al sufrimiento

Todos tenemos necesidad de consuelo, porque nadie es inmune al sufrimiento, al dolor y a la incomprensión. ¡Cuánto dolor puede causar una palabra airada, fruto de la envidia, los celos y la ira! ¡Cuánto sufrimiento causa la experiencia de la traición, la violencia y el abandono! ¡Cuánta amargura ante la muerte de seres queridos! Sin embargo, Dios nunca está lejos cuando se viven estos dramas. Una palabra alentadora, un abrazo que hace sentir comprendido, una caricia que te hace notar amor, una oración que te fortalece... son expresiones de la cercanía de Dios a través del conocimiento que ofrecen los hermanos y hermanas.

El amor destierra los falsos temores

Tras la muerte de Jesús (cfr. Juan 20, 19-23), los discípulos se habían refugiado en el cenáculo y habían cerrado las puertas, dice el Evangelio, «por miedo» (v. 19). La muerte de Jesús los había trastornado, sus sueños se habían hecho añicos, sus esperanzas se habían desvanecido. Y se habían encerrado en sí mismos. No solo en esa habitación, sino dentro, en el corazón. Me gustaría hacer hincapié en esto: *encerrados dentro*.

¿Cuántas veces nosotros también nos encerramos en nosotros mismos? ¿Cuántas veces, por alguna situación difícil, por algún problema personal o familiar, por el sufrimiento que nos marca o por el mal que respiramos a nuestro alrededor, caemos poco a poco en la pérdida de la esperanza y nos falta el valor para seguir adelante? Sucede muchas veces. Y entonces, como los apóstoles, nos encerramos en nosotros mismos, atrincherándonos en el laberinto de las preocupaciones.

Esto ocurre cuando, en las situaciones más difíciles, permitimos que el miedo se apodere de nosotros y se haga «la voz dominante» en nuestro interior. Cuando entra el miedo nos encerramos en nosotros mismos. La causa, entonces, es el miedo: miedo a no estar a la altura, a encontrarnos solos para afrontar las batallas cotidianas, a arriesgarnos y luego decepcionarnos, a tomar decisiones equivocadas. El miedo bloquea, el miedo paraliza. Y aísla: pensemos en el miedo al otro, al foráneo, a los que son diferentes, a los que piensan distinto. Incluso puede haber miedo a Dios: que me castigue, que se enfade conmigo... Si damos espacio a estos falsos miedos, se cierran puertas: las puertas del corazón, las puertas de la sociedad, ¡e incluso las puertas de la Iglesia! Donde hay miedo, hay cerrazón. Y eso no es bueno.

El Evangelio, sin embargo, nos ofrece el remedio del Resucitado: el Espíritu Santo. Él libera de las prisiones del miedo. Al recibir el Espíritu los apóstoles salen del cenáculo y van por el mundo para perdonar los pecados y proclamar la buena nueva. Gracias a él los miedos se vencen y las puertas se abren. Porque esto es lo que hace el Espíritu: nos hace sentir la cercanía de Dios y así su amor disipa el miedo, ilumina el camino, consuela, sostiene en la adversidad.

El amor vence la debilidad

Una mujer y Jesús se encuentran (cfr. Juan 8, 1-11). Ella, adúltera y, según la ley, condenada a la pena de muerte; él, que con su predicación y su entrega total que lo llevó a la cruz, devolvió a la ley de Moisés su auténtico sentido original. En el centro de todo no está la ley y la justicia legal, sino el amor de Dios, que sabe leer el corazón de cada persona, para comprender su deseo más oculto y que debe prevalecer sobre todo.

En este relato evangélico, sin embargo, no se trata del pecado y el juicio en abstracto, sino de una pecadora y el Salvador. Jesús miró a los ojos de aquella mujer y leyó su corazón: encontró allí el deseo de ser comprendida, perdonada y liberada.

La miseria del pecado se revistió de la misericordia del amor. No hubo juicio por parte de Jesús que no estuviera marcado por la piedad y la compasión ante la condición de la pecadora. A los que querían juzgarla y condenarla a muerte, Jesús les responde con un largo silencio que pretende dejar surgir la voz de Dios en la conciencia tanto de la mujer como de sus acusadores. Ellos dejan caer las piedras de sus manos y se marchan uno a uno (cf. Juan 8, 9). Y después de ese silencio, Jesús dice: «Mujer, ¿qué ocurre? ¿Nadie te ha condenado? [...] Ni yo te condeno; vete, y a partir de ahora no peques más» (vv. 10-11). De este modo, la ayuda a mirar al futuro con esperanza y a disponerse a recomenzar su vida. De ese momento en adelante, si quiere, podrá «caminar en la caridad» (Efesios 5, 2). Una vez que uno se reviste de misericordia, aunque permanezca la condición de debilidad debida al pecado, esta es superada por el amor que permite mirar más allá y vivir de otra manera.

Soy amado, luego existo

La misericordia *renueva* y *redime*, porque es el encuentro de dos corazones: el de Dios se encuentra con el del hombre. Este último se entibia y el primero lo sana: el corazón de piedra se transforma en un corazón de carne (cfr. Ezequiel 36, 26), capaz de amar a pesar de su pecado. Aquí se percibe que uno es realmente una «criatura nueva» (*Gálatas* 6, 15): soy amado, por eso existo; soy perdonado, por eso renazco a una vida nueva; he sido misericordiado, por eso me convierto en instrumento de misericordia.

Cuando se durmió, soñó que se aferraba a una pared de roca casi vertical sin asideros, a la que se aferraba gracias a sus botas, sus uñas y el roce de sus rodillas. Estiraba los brazos hacia arriba en busca de un punto de apoyo y solo una fuerza de voluntad forzada hasta la extenuación le impedía caer. No podía ni subir ni bajar; estaba al final de la línea. Entonces, al volver los ojos, se dio cuenta de que a su lado había un hombre vestido con un elegante traje. En el sueño no se preguntó por qué estaba allí, ni cómo podía sostenerse sin esfuerzo. «Ahora te ayudaré», dijo el desconocido, y Francis pensó que el desconocido era Dios. «Tú eres Dios, ¿verdad? Y por eso lo sabes todo». «Todo irá bien», dijo el desconocido, y Francis se dio cuenta de que era cierto, así que trepó rápidamente, encontrando nuevos puntos de apoyo. El desconocido se mantenía siempre cerca. Mientras subía pensaba que tal vez había ocurrido algo terrible, que el desconocido era realmente Dios y su propia abyección le revolvió. «Soy un pecador», exclamó, echándose a llorar; y se despertó.

ETHEL MANNIN, *Tarde te he amado*

Una vida que da frutos

La vida que Jesús nos da es una historia de amor, una historia de vida que anhela mezclarse con la nuestra y echar raíces en la tierra de cada uno de nosotros. Esa vida no es una salvación colgada en la nube esperando descargarse, ni una nueva aplicación por descubrir o un ejercicio mental de técnicas de crecimiento personal. Tampoco la vida que Dios nos ofrece es un tutorial para aprender lo último de lo último. La salvación que

Dios nos regala es una invitación a formar parte de una historia de amor que se entreteje con nuestras historias; que vive y quiere nacer entre nosotros para que demos fruto donde estemos, como estemos y con quien estemos. Allí viene el Señor a plantar y a ser plantado.

Amar sin medida

Hay un dicho que dice que la medida del amor es amar sin medida. Es una capacidad que viene del Espíritu Santo. No viene de nosotros, de nuestro propio esfuerzo; viene de Dios, que siempre ama sin medida. Y que nos espera siempre. ¡Mirad qué paciente es nuestro Padre! Ser sin medida es propio del amor de Dios y este amor —dice san Pablo— «ha sido derramado en nuestros corazones por el Espíritu Santo que se nos ha dado» (Romanos 5, 5). Por tanto, es posible amar sin medida dando cabida al Espíritu y a su acción en nuestra vida.

No te dejes influir por el mal que asola

Pero —me diréis— el mundo piensa de otra manera. Se habla mucho de amor, pero en realidad hay otro principio: *sálvese quien pueda*. No os dejéis condicionar por esto, por lo que está mal, por el mal que asola. No os dejéis aprisionar por la tristeza, por la complacencia resignada de los que dicen que nada cambiará. Si lo creéis, enfermáis de pesimismo. ¿Habéis visto la cara de un joven, de un joven pesimista? ¿Habéis visto su cara? Una cara de amargado. El pesimismo nos enferma de amargura, nos hace envejecer por dentro. Envejecer joven. Hoy hay muchas fuerzas perturbadoras, tantos que culpan a todos y a todo, amplificadores de negatividad, profesionales de la queja. ¡No les hagas caso! No, porque las lamentaciones y el pesimismo no son cristianos. El Señor detesta la tristeza y el victimismo. No estamos hechos para mirar al suelo, sino para mirar al cielo, a los demás, a la sociedad.

Solo se puede salvar lo que se ama

Somos salvados por Jesús, porque él nos ama y no puede evitarlo. Podemos hacerle cualquier cosa, pero él nos ama y nos salva. Porque solo se puede salvar lo que se ama. Solo lo que es abrazado puede ser transformado. El amor del Señor es más grande que todas nuestras contradicciones, que todas nuestras fragilidades y mezquindades. Pero es precisamente a través de nuestras contradicciones, fragilidades y mezquindades como él quiere escribir esta historia de amor. Abrazó al hijo pródigo, abrazó a Pedro después de que le hubiera negado, y siempre, siempre, nos abraza después de nuestras caídas, ayudándonos a levantarnos y a volver a ponernos en pie. Porque la verdadera caída, la que puede arruinarnos la vida, es quedarnos en el suelo y no dejar que él nos ayude.

Un Dios enamorado de nosotros

En la Biblia encontramos muchas expresiones del amor que Dios nos tiene. Es como si buscara distintas formas de manifestarlo para ver si alguna de esas palabras puede llegar a nuestros corazones. Por ejemplo, a veces se presenta en forma de padres cariñosos que juegan con sus hijos: «Los atraje con lazos de bondad, con lazos de amor, fui para ellos como quien alza a un niño hasta sus mejillas» (Oseas 11, 4).

A veces, aparece lleno del amor de las madres que aman sinceramente a sus hijos, de un amor visceral incapaz de olvidar y abandonar: «¿Acaso olvida una mujer a su hijo, como para que no la conmueva el hijo de sus entrañas? Aunque ellos se olvidaran, yo no te olvidaré jamás» (Isaías 49, 15).

Incluso se muestra como un enamorado que llega a tatuarse a su amada en la palma de la mano para tener su rostro siempre cerca: «He aquí que en las palmas de mis manos te he dibujado» (Isaías 49, 16).

Nunca estamos solos

«Mis ovejas —dice Jesús— oyen mi voz y yo las conozco y me siguen» (Juan 10, 27). Él *conoce* a sus ovejas. Pero esto no significa solo que sepa muchas cosas de nosotros: conocer en sentido bíblico significa también amar. Significa que el Señor, mientras nos lee por dentro, nos ama, no nos condena. Si le escuchamos, descubrimos esto: que el Señor nos ama. El modo de descubrir el amor del Señor es escucharle. Entonces la relación con él ya no será impersonal, fría o de fachada. Jesús busca una amistad cálida, una confianza, una intimidad. Quiere darnos un conocimiento nuevo y maravilloso: el de sabernos siempre amados por él y, por tanto, nunca abandonados a nosotros mismos. Estando con el buen pastor se experimenta lo que dice el salmo: «Aunque atraviese un valle oscuro, no temo ningún mal, *porque tú estás conmigo*» (Salmos 23, 4). Especialmente en los sufrimientos, en las dificultades, en las crisis que son tinieblas: él nos sostiene atravesándolas con nosotros. Y así, precisamente en las situaciones difíciles, podemos descubrir que el Señor nos conoce y nos ama.

Sin libertad el amor no es amor

El tiempo de la salvación se ha cumplido porque Jesús ha venido. Sin embargo, la salvación no es automática; la salvación es un don de amor y como tal se ofrece a la libertad humana. Siempre que se habla de amor se habla de libertad: el amor sin libertad no es amor; puede ser interés, puede ser miedo, puede ser muchas otras cosas, pero no amor. El amor es siempre libre y ser libre exige una respuesta libre: exige nuestra *conversión*.

Un amor desarmado

Nuestro Dios es cercano, compasivo y tierno. En Jesús vemos ese estilo de Dios. Con este estilo suyo, Dios nos atrae hacia sí. No nos toma por la fuerza, no nos impone su verdad y su justicia, no hace proselitismo con nosotros, no: quiere atraernos con amor, con ternura, con compasión. Nuestras fuerzas, nuestras debilidades, solamente se resuelven ante el pesebre, ante Jesús o ante la cruz: Jesús desnudo, Jesús pobre; pero siempre con su estilo de cercanía, de compasión y de ternura. Dios ha encontrado el medio de atraernos, seamos como seamos: con amor. No un amor posesivo y egoísta, como desgraciadamente es a menudo el amor humano. Su amor es puro don, pura gracia, es todo y solo para nosotros, para nuestro bien. Y así nos atrae, con este amor desarmante e incluso desarmado porque, cuando vemos esa sencillez de Jesús, también nosotros arrojamos las armas del orgullo y vamos allí, humildes, a pedir la salvación, a pedir perdón, a pedir luz para nuestra vida, para poder seguir adelante.

> El cristianismo no es un conjunto de verdades en las que creer, de leyes que observar, de prohibiciones. Así sería repugnante. El cristianismo es una persona que me ha amado tanto como para reclamar mi amor. El cristianismo es Cristo.
>
> OSCAR A. ROMERO, *Homilía*

Tu debilidad es tu fuerza

La historia de la salvación se realiza «en la esperanza contra toda esperanza» (Romanos 4, 18) a través de nuestras debilidades. Demasiado a menudo pensamos que Dios únicamente se apoya en nuestra parte buena y victoriosa, cuando en realidad la mayor parte de sus planes se realizan a través de nuestra debilidad y a pesar de ella. Esto es lo que hace decir a san Pablo: «Para que no me enroque en la soberbia se ha dado a mi carne una espina, un enviado de Satanás que me golpeara para que no me envaneciera. Por eso, tres veces rogué al Señor que lo apartara de mí. Y me dijo: "Te basta con mi gracia, pues la fuerza se manifiesta plenamente en la debilidad"» (2 Corintios 12, 7-9). Si esta es la perspectiva de la economía de la salvación, debemos aprender a aceptar nuestra debilidad con profunda ternura.

Ama con obras

«Hijitos, no amemos de palabra ni de lengua, sino de hecho y en verdad» (1 Juan 3, 18). Estas palabras del apóstol Juan expresan un imperativo del que ningún cristiano puede desentenderse. La seriedad con la que el discípulo amado transmite hasta hoy el mandamiento de Jesús se acentúa aún más por el contraste que revela entre *las palabras vacías* que a menudo están en nuestros labios y las *obras concretas* con las que estamos llamados a medirnos. El amor no tiene coartadas: quien quiere amar como Jesús amó debe hacer suyo su ejemplo. El modo de amar del Hijo de Dios se basa en dos pilares: Dios amó primero (cfr. 1 Juan 4, 10.19); y amó entregando todo su ser, incluso su propia vida (cfr. 1 Juan 3, 16).

> Es el amor el que da perfección a nuestras obras. Os digo mucho más: he aquí una persona que sufre el martirio por Dios

con una pizca de amor; merece mucho, pues no se podría dar más que la propia vida; pero otra persona que no sufra más que un rasguño con dos onzas de amor tendrá mucho mayor mérito, pues son la caridad y amor lo que da valor a nuestras obras.

FRANCISCO DE SALES, *Entretiens spirituels*

Un amor irresistible

Un amor así no puede quedar sin respuesta. Aunque se da unilateralmente, es decir, sin pedir nada a cambio, enciende de tal modo el corazón que todos se sienten impulsados a corresponderlo a pesar de sus limitaciones y pecados. Y esto es posible si la gracia de Dios, su caridad misericordiosa, es acogida en nuestros corazones en la medida de lo posible, de modo que nuestra voluntad y también nuestros afectos se encaminen al amor a Dios mismo y al prójimo.

¡Dejémonos sorprender!

El verdadero amor es amar y dejarse amar, pero esto último es más difícil que lo primero. Por eso es tan difícil llegar al amor perfecto de Dios, porque podemos amarle, pero lo importante es dejarnos amar por él.

El verdadero amor es abrirse a este amor que nos precede y nos asombra. Si crees que lo sabes todo, estás cerrado a las sorpresas; el amor, en cambio, se abre a las sorpresas, el amor es siempre una sorpresa porque supone un diálogo a dos: entre el que ama y el que es amado. Él nos amó primero y nos espera para sorprendernos, por eso decimos de él que es el Dios de las sorpresas.

Dios nos sorprende. ¡Dejémonos sorprender por Dios!

Busca su rostro

En el corazón de cada hombre y de cada mujer resuena una y otra vez la llamada del Señor: «¡Busca mi rostro!» (Salmos 27, 8). Al mismo tiempo debemos asumir siempre nuestra pobre condición de pecadores. Es lo que leemos, por ejemplo, en el libro de los Salmos: «¿Quién subirá al monte del Señor? ¿Quién estará en su lugar santo? El que tiene manos inocentes y corazón puro» (Salmos 24, 3-4). Pero no tenemos que sentir miedo ni desanimarnos: en la Biblia y en la historia de cada uno de nosotros vemos que siempre es Dios quien da el primer paso. Es él quien nos purifica para que podamos ser admitidos en su presencia.

La vida siempre nos enfrenta a elecciones

La vida es complicada y, si no aprendemos a leerla, por complicada que sea, corremos el riesgo de desperdiciarla, persiguiéndola con artimañas que acaban por degradarnos.

Todos los días, queramos o no, debemos realizar actos de discernimiento, en lo que comemos, en lo que leemos, en el trabajo, en las relaciones, en todo. La vida siempre nos enfrenta a elecciones y, si no las hacemos conscientemente, acabará eligiendo por nosotros, llevándonos adonde no queremos ir.

El discernimiento, sin embargo, no se produce solo. Hay cosas que pueden facilitar el ejercicio del discernimiento, indispensable para la vida espiritual.

Solo en la paz podemos profundizar en nosotros mismos

Una primera ayuda indispensable para el discernimiento es la confrontación con la *palabra de Dios* y la *doctrina de la Iglesia*. Nos ayudan a leer lo que se mueve en nuestro corazón, enseñándonos a reconocer la voz de Dios y a distinguirla de otras voces, que quieren imponerse a nuestra atención, pero que al final nos dejan confundidos.

La Biblia nos advierte que la voz de Dios resuena en la quietud, en la atención, en el silencio. Pensemos en la experiencia del profeta Elías: el Señor le habla no con el viento que rompe las piedras, no con fuego o con el terremoto, sino con una suave brisa (cfr. 1 Reyes 19, 11-12). Es una imagen muy bella que nos hace comprender cómo habla Dios. La voz de Dios no se impone, la voz de Dios es discreta, respetuosa, me atrevería a decir que humilde, y por eso es tan pacífica. Solo en la paz podemos profundizar en nosotros mismos y reconocer los deseos auténticos que el Señor ha puesto en nuestro corazón. Muchas veces no es fácil tener esa paz, porque estamos ocupados con mil cosas todo el día… Pero… calmémonos, tranquilicémonos un poco, entremos en nosotros mismos, en nosotras mismas. Dos minutos: detengámonos. Prestemos atención a lo que siente el corazón. Esto nos ayudará mucho, porque en ese momento oiremos inmediatamente la voz de Dios que dice: «Pero mira que es bueno lo que estás haciendo...». Dejemos que en la calma venga a nosotros su voz.

Distinguir lo esencial de lo superfluo

Debemos aprender a reconocer la voz de Dios que nos habla. ¿Y cómo lo aprendemos? Mediante la oración silenciosa, el diálogo íntimo con él, guardando en el corazón lo que nos hace bien y nos da paz. La paz es un signo de la presencia de Dios.

Esta luz de Dios ilumina el laberinto de pensamientos, emociones y sentimientos en el que a menudo nos movemos. El Señor desea iluminar nuestra inteligencia, nuestros pensamientos más íntimos, las aspiraciones que llevamos en el corazón, los juicios que maduran en nuestro interior. Quiere ayudarnos a distinguir lo esencial de lo superfluo, lo bueno de lo que nos hace daño a nosotros y a los demás, lo justo de lo que genera injusticia y desorden. Nada de lo que sucede en nosotros es ajeno a Dios, nada, pero a menudo somos nosotros los que nos alejamos de él, los que no le confiamos personas y situaciones, los que nos encerramos en el miedo y la vergüenza. No, alimentemos en la oración la reconfortante certeza de que el Señor vela por nosotros, de que no se duerme, sino que siempre está velando por nosotros y protegiéndonos.

El corazón habla al corazón

La relación afectiva con la Biblia, con las escrituras, con el Evangelio, lleva a vivir una *relación afectiva con el Señor Jesús*. El corazón habla al corazón y eso es una ayuda indispensable y que no hay que dar por sentada. A veces podemos tener una idea distorsionada de Dios, viéndolo como un juez severo, un juez duro dispuesto a pillarnos in fraganti. Jesús, por el contrario, nos revela a un Dios lleno de compasión y ternura, dispuesto a sacrificarse para salir a nuestro encuentro, como el padre de la parábola del hijo pródigo (cfr. Lucas 15, 11-32).

Hace algún tiempo, durante una peregrinación juvenil que se realiza una vez al año en el santuario de Luján, a setenta kilómetros de Buenos Aires, donde yo solía confesar durante la noche, se me acercó un joven. Tendría unos veintidós años y estaba cubierto de tatuajes. «Dios mío», pensé, «¿quién será?». Me explicó: «¿Sabes? He venido porque tengo un problema grave y se lo conté a mi madre y ella me dijo: "Ve a la Virgen, haz la peregrinación y la Virgen te lo dirá". Así que vine, me puse en contacto con la Biblia, escuché la palabra de Dios y me llegó al corazón. Ahora sé que tengo que hacer esto, eso, aquello».

Es así: la palabra de Dios toca nuestros corazones y cambia nuestras vidas. Lo he visto muchas muchas veces. Porque Dios no quiere destruirnos: quiere que seamos más fuertes, mejores cada día.

Afrontar el mal sin dejarse abrumar por él

Quien permanece ante el Crucificado siente una nueva paz, aprende a no tener miedo de Dios, porque Jesús en la cruz no asusta a nadie, es la imagen de la entrega total y al mismo tiempo del amor más pleno, capaz de afrontar por nosotros toda prueba.

El relato de la Pasión de Jesús es el camino para afrontar el mal sin dejarse abrumar por él; en él no hay juicio, ni siquiera resignación, porque está atravesado por una luz mayor, la luz del Padre, que nos permite ver en aquellos hechos terribles un plan mayor, que ningún impedimento, obstáculo o fracaso puede desbaratar. La palabra de Dios nos ayuda a mirar más allá: nos enseña que, más allá de la cruz, hay esperanza y resurrección. La palabra de Dios abre todas las puertas, porque él, el Señor, es la puerta.

Llevad siempre con vosotros un evangelio o una Biblia de bolsillo y leed un pequeño fragmento durante el día. Incluso cinco minutos al día está bien. Dejad que la palabra de Dios se acerque a vuestros corazones. Hacedlo y veréis cómo vuestra vida cambiará con la cercanía de la palabra de Dios.

El bien más preciado

El bien más preciado que podemos tener en la vida es nuestra relación con Dios. Cuando esta percepción falla, el ser humano se convierte en un enigma incomprensible, porque lo que da sentido a nuestra vida es precisamente sabernos amados incondicionalmente por Dios. ¿Recuerdas la conversación de Jesús con el joven rico (cfr. Marcos 10, 17-22)? El evangelista Marcos señala que el Señor fijó en él su mirada y le amó (cf. v. 21) y luego le invitó a seguirle para encontrar el verdadero tesoro.

La luz del amor

Solo mediante la encarnación, mediante la puesta en común de nuestra humanidad, podía llegar a su plenitud el conocimiento propio del amor. La luz del amor, en efecto, llega cuando somos tocados en el corazón, recibiendo así en nosotros la presencia interior del amado, que nos permite reconocer su misterio.

La fe cristiana, en la medida en que proclama la verdad del amor total de Dios y se abre a la fuerza de este amor, llega al núcleo más profundo de la experiencia de todo hombre, que alcanza así la luz gracias al amor y está llamado a amar para permanecer en la luz.

La fe no es un refugio para personas sin valentía, sino la expansión de la vida. Hace descubrir una gran claridad, la vocación al amor y asegura que este amor es fiable, que vale la pena entregarse a él, porque su fundamento se encuentra en la fidelidad de Dios, más fuerte que toda nuestra fragilidad.

> De pronto Faramir se movió, abrió los ojos y miró a Aragorn inclinado sobre él; y una luz de amor y comprensión se encendió en sus ojos, y habló en voz baja.

—Mi señor, me has llamado. He venido. ¿Qué ordena el rey?

—¡No camines más entre las sombras! ¡Despierta! —dijo Aragorn.

J. R. R. Tolkien, *El señor de los anillos*, v, viii

Con Dios podemos lograrlo, siempre

Jesús llama Paráclito al Espíritu Santo (cfr. Juan 14, 15-17). Paráclito es una palabra griega que significa a la vez consolador y abogado. Es decir, el Espíritu Santo nunca nos deja solos, está a nuestro lado, como un abogado que asiste al acusado permaneciendo cerca. Y nos sugiere cómo defendernos ante quienes nos acusan. Recordemos que el gran acusador es siempre el demonio, que pone en nosotros el pecado, el deseo de pecar, la maldad.

El Espíritu Santo, dice Jesús, «está con vosotros y permanece en vosotros» (v. 17). Nunca nos abandona. El Espíritu Santo quiere estar con nosotros: no es un huésped de paso que viene a hacernos una visita de cortesía. Es un compañero de vida, una presencia estable, es Espíritu y quiere estar en nuestro espíritu. Es paciente y permanece con nosotros incluso cuando caemos. Se queda porque nos ama de verdad: no finge amarnos para luego dejarnos solos en nuestras dificultades. No, es leal, es transparente, es auténtico.

En efecto, si nos encontramos en la prueba, el Espíritu Santo nos consuela, nos trae el perdón y la fuerza de Dios. Y cuando nos confronta con nuestros errores y nos corrige, lo hace con bondad: en su voz que habla al corazón está siempre el timbre de la ternura y el calor del amor. Por supuesto, el Espíritu Paráclito es exigente, porque es un amigo verdadero, fiel, que no esconde nada, que sugiere qué cambiar y cómo crecer. Pero cuando nos corrige nunca nos humilla ni infunde desconfianza; al contrario, transmite la certeza de que con Dios todo podemos lograrlo, siempre. Esta es su cercanía. ¡Es una hermosa certeza!

> «¡Oh, santo Padre y Espíritu, que ves
> aquello en que creíste, de tal modo,
> que al más joven venciste hacia el sepulcro!
> —comencé—. Tú quieres que manifieste
> aquí la forma de mi fe tan presta,
> y también su motivo preguntaste.
> Y te respondo: creo en un Dios solo
> y eterno, que los cielos todos mueve,
> inmóvil, con amor y con deseo [...]».

DANTE ALIGHIERI, *Paraíso*, XXIV, 124-132

Llenar el vacío con esperanza y alegría verdadera

En una cultura a menudo dominada por la tecnología, las formas de tristeza y soledad en las que caen las personas, y también muchos jóvenes, parecen multiplicarse. El futuro, de hecho, parece rehén de la incertidumbre, que no permite la estabilidad. Así surgen a menudo sentimientos de melancolía, tristeza y aburrimiento, que pueden desembocar poco a poco en la desesperación. Hacen falta testimonios de esperanza y alegría verdadera, para ahuyentar las quimeras que prometen felicidad fácil con paraísos artificiales. El profundo vacío de muchos puede llenarse con la esperanza que llevamos en el corazón y la alegría que viene con ella. Hay mucha necesidad de reconocer la alegría que se revela en el corazón tocado por la misericordia. Atesoremos, pues, las palabras del apóstol: «Estad siempre alegres en el Señor» (Filipenses 4, 4; cfr. 1 Tesalonicenses 5, 16).

No nos dejemos robar nunca la esperanza que nace de la fe en el Señor resucitado. Es cierto que a menudo se nos pone a prueba, pero nunca debemos perder la certeza de que el Señor nos ama. Su misericordia se expresa también en la cercanía, el afecto y el apoyo que tantos hermanos y hermanas pueden ofrecer cuando llegan los días de tristeza y aflicción. Enjugar las lágrimas es una acción concreta que rompe el círculo de soledad en el que a menudo estamos encerrados.

Un vínculo que reconforta al corazón

Es muy hermoso pensar en la vida con el Señor como una relación de amistad que crece día a día. ¿Habéis pensado alguna vez en esto? ¿En el hecho de que Dios nos ama y quiere que seamos amigos? Ese es el buen camino, porque la amistad con él tiene la capacidad de cambiar el corazón.

Es la piedad, uno de los grandes dones del Espíritu Santo, que señala nuestra pertenencia a Dios y nuestro vínculo profundo con él, lo que nos permite reconocer su paternidad.

Tenemos un Padre tierno, un Padre amoroso, un Padre que nos ama, que nos ha amado desde siempre: cuando esto se experimenta, el corazón se derrite y desaparecen las dudas, los miedos, la sensación de indignidad. Nada puede oponerse a este amor del encuentro con el Señor.

II

Mucho más que dos

La amistad más grande

Después del amor que nos une a Dios, *el amor conyugal* es la amistad más grande. Es una unión que posee todas las características de una buena amistad: búsqueda del bien del otro, reciprocidad, intimidad, ternura, estabilidad y una semejanza entre amigos que se construye a través de la vida compartida. El matrimonio, sin embargo, añade a todo esto una exclusividad indisoluble, que se expresa en el proyecto estable de compartir y construir juntos toda la existencia.

Seamos sinceros y reconozcamos los signos de la realidad: quien está enamorado no prevé que su relación dure solo un cierto tiempo; quien experimenta intencionadamente la alegría del matrimonio no piensa en ello como algo pasajero; quien acompaña la celebración de una unión llena de amor, por frágil que sea, espera que dure en el tiempo; los hijos no solo desean que sus progenitores se amen, sino que sean fieles y se mantengan unidos. Estos y otros signos muestran que en la naturaleza misma del amor conyugal está la apertura a lo definitivo.

«Y tú —dijo volviéndose a Renzo—, recuerda, hijo mío, que si la Iglesia te otorga esta compañera, no lo hace para procurarte un consuelo temporal y mundano que, aunque pudiera ser completo y libre de dolor, acabaría en una gran pena en el momento de dejaros, sino que lo hace para poneros a los dos en el camino del conocimiento que no tendrá fin. Amaos como compañeros de viaje, con este pensamiento de tener que dejaros, y con la esperanza de volver a encontraros para siempre. Dad gracias al cielo que os ha traído a este estado, no a través de turbulentas y pasajeras algarabías, sino a través de afanes y en medio de miserias, para disponeros a una alegría recogida y tranquila. Si Dios os concede hijos, procurad educarlos para él, inculcándoles el amor a él y a todos los hombres; y entonces los guiaréis bien en todo lo demás».

ALESSANDRO MANZONI, *Los novios*, XXXVI

En un hermosísimo jardín

El Señor, después de haber creado los Cielos y la Tierra, «modeló al hombre con polvo de la tierra y resopló por la nariz aliento de vida. Y fue el hombre un ser viviente» (Génesis 2, 7). Es la culminación de la creación; entonces Dios coloca al hombre en un hermosísimo jardín para cultivarlo y cuidarlo (cfr. 2, 15). El Espíritu Santo, inspirador de toda la Biblia, sugiere por un momento la imagen del hombre solo sin la mujer. Y sugiere el pensamiento de Dios observando a Adán solo en el jardín: es libre, es el señor…, pero está solo. «No es bueno», dice Dios, y añade: «Quiero concederle una ayuda a su altura» (2, 18).

La plenitud se consigue a través de la reciprocidad

Dios presenta todos los animales al hombre y el hombre da a cada uno de ellos su nombre, pero no encuentra en ningún animal al otro semejante a él. El hombre continúa solo. Cuando por fin Dios le presenta a la mujer, el hombre se alegra de que esa criatura, y solo esa criatura, forme parte de él: «Hueso de mis huesos, carne de mi carne» (Génesis 2, 23).

Finalmente hay un reflejo, una reciprocidad. Para dar la mano a alguien hay que tener a la otra persona delante y, si no hay nadie que la coja, la mano se queda ahí, suspendida. Falta reciprocidad. Así era el hombre: le faltaba algo para alcanzar su plenitud, le faltaba reciprocidad.

La mujer no es una réplica del hombre; procede directamente del gesto creador de Dios. La imagen de la costilla no expresa en modo alguno inferioridad o subordinación, sino, al contrario, que el hombre y la mujer son de la misma sustancia y complementarios, y que tienen reciprocidad. Y el hecho de que —de nuevo en la parábola— Dios cree a la mujer mientras el hombre duerme subraya precisamente que ella no es en modo alguno una criatura del hombre, sino de Dios. También sugiere algo más: para encontrar a la mujer —y podemos decir para encontrar el amor en la mujer—, el hombre debe primero soñar con ella.

El primero de los bienes

En el Génesis (2, 2), la pareja aparece retratada con luminosos detalles. El primero es la inquietud del hombre que busca «una ayuda que le corresponda» (vv. 18, 20), capaz de resolver aquella soledad que le angustia y que no se aplaca con la cercanía de los animales y de todo lo creado. La expresión hebrea original nos remite a una relación directa, casi frontal —ojos en los ojos—, una relación que también es tácita, porque en el amor el silencio suele ser más elocuente que las palabras. Es el encuentro con un rostro, un *tú* que refleja el amor divino y es «el primero de los bienes, una ayuda idónea para él y columna de apoyo» (Eclesiástico 36, 26), como dice un sabio bíblico. O incluso, como exclama la novia en el *Cantar de los cantares*, en una maravillosa profesión de amor y entrega en reciprocidad: «Mi amado es mío y yo soy suya. Yo soy de mi amado y mi amado es mío» (2, 16; 6, 3).

¡Una voz! ¡Mi amado!
Aquí viene,
saltando por las montañas,
brincando por las colinas.
Mi amado se parece a una gacela
o a un cervatillo.
Ahí está, de pie
detrás de nuestro muro;
mira por la ventana,
se asoma a través de los barrotes.
Ahora mi amado se dirige a mí para decirme:

«Levántate, amiga mía,
belleza mía, ¡y ven rápido!
Pues he aquí que el invierno ha pasado,
la lluvia ha cesado, se ha ido;
han aparecido flores en los campos,
ha vuelto la hora del canto
y la voz de la tórtola sigue haciéndose oír
en nuestra campiña.
La higuera está madurando sus primeros frutos
y las vides en flor esparcen su perfume.
Levántate, amiga mía,
belleza mía, y ven, ¡rápido!
Oh, paloma mía,
que habitas en las grietas de la roca,
en los escondrijos de los acantilados,
muéstrame tu rostro,
déjame oír tu voz,
porque tu voz es dulce,
tu rostro es encantador».

Cantar de los cantares, 2, 8-14

La fuerza de entregarnos el uno al otro

Cuando un hombre y una mujer se enamoran, Dios les ofrece un don: el matrimonio. Un don maravilloso, que lleva en sí la fuerza del amor divino: fuerte, duradero, fiel, capaz de recuperarse después de cada fracaso o fragilidad. El matrimonio no es una formalidad que hay que cumplir. Uno no se casa para ser católico «de etiqueta», para obedecer una regla o porque lo dice la Iglesia o para hacer una fiesta. No, uno se casa *porque quiere basar su matrimonio en el amor de Cristo*, que es firme como una roca. En el matrimonio, Cristo se entrega a vosotros, para que tengáis la fuerza de entregaros el uno al otro.

Ánimo, pues, ¡la vida familiar no es una misión imposible! Con la gracia del sacramento, Dios hace que sea un camino maravilloso que hay que hacer junto a él, nunca solos. La familia no es un bello ideal, inalcanzable en la realidad. Dios garantiza su presencia en el matrimonio y en la familia, no solo el día de la boda, sino durante toda la vida. Y él os apoya cada día en vuestro camino.

Juntos se puede afrontar todo

Dos cristianos que se casan han reconocido en su historia de amor la llamada del Señor, la vocación de una formación a dos, varón y mujer, una sola carne, una sola vida. Y el sacramento del matrimonio envuelve este amor con la gracia de Dios, lo enraíza en Dios mismo. Con este don, con la certeza de esta llamada, se puede partir con seguridad, no se tiene miedo a nada, se puede afrontar todo, ¡juntos!

Cuidarse mutuamente

La alegría conyugal, que puede experimentarse incluso en medio del dolor, implica aceptar que el matrimonio es una combinación necesaria de alegrías y penurias, de tensiones y descansos, de sufrimientos y liberaciones, de satisfacciones y búsquedas, de molestias y placeres, siempre en el camino de la amistad que impulsa a los cónyuges a cuidarse mutuamente, a prestarse ayuda y servicio recíprocos.

Tu manos son mi caricia
mis acordes cotidianos
te quiero porque tus manos
trabajan por la justicia.
Si te quiero es porque sos
mi amor mi cómplice y mi todo
y en la calle codo a codo
somos mucho más que dos.

MARIO BENEDETTI, *Te quiero*

¿Cuál es el verdadero amor conyugal?

Todo matrimonio verdadero es un don de Dios a la pareja. El matrimonio es siempre un don. La fidelidad conyugal se basa en la fidelidad divina, la fecundidad conyugal se basa en la fecundidad divina. El hombre y la mujer están llamados a acoger este don y a responder a él libremente con el don mutuo de sí mismos.

Esta hermosa visión puede creerse utópica, ya que parece ignorar la fragilidad humana, la inconstancia del amor. La indisolubilidad se concibe a menudo como un ideal y tiende a imponerse la mentalidad según la cual el matrimonio dura mientras hay amor. Pero ¿de qué amor se trata? También aquí suele faltar la conciencia del verdadero amor conyugal, que se reduce al plano sentimental o a la mera satisfacción egoísta. En cambio, el amor conyugal es inseparable del matrimonio mismo, en el que el amor humano, frágil y limitado, se encuentra con el amor divino, siempre fiel y misericordioso. Me pregunto: ¿puede existir un amor *debido*? La respuesta se encuentra en el mandamiento del amor, como dijo Cristo: «Un mandamiento nuevo os doy: que os améis unos a otros. Como yo os he amado, amaos también los unos a los otros» (Juan 13, 34).

Debemos redescubrir la realidad permanente del matrimonio como vínculo. A veces se mira esta palabra con recelo, como si fuera una imposición externa, una carga, una *atadura* que se opone a la autenticidad y a la libertad del amor. En cambio, si el vínculo se entiende precisamente como vínculo de amor, entonces se revela como el núcleo del matrimonio, como el don divino que es fuente de verdadera libertad y guardián de la vida conyugal.

En el matrimonio la persona se descubre a sí misma

El matrimonio es como un primer sacramento de lo humano, donde la persona se descubre a sí misma, se comprende en relación con los demás y en relación con el amor que es capaz de recibir y de dar. El amor conyugal y familiar revela también claramente la vocación de la persona para amar de forma única y para siempre, y las pruebas, los sacrificios y las crisis de la pareja, así como de la familia, son pasos para crecer en bondad, verdad y belleza. En el matrimonio, uno se entrega por completo, sin cálculos ni reservas, compartiendo todo, dones y renuncias, confiando en la providencia de Dios. Esta es la experiencia que los jóvenes pueden aprender de sus padres y abuelos. Es una experiencia de fe en Dios y de confianza mutua, de profunda libertad y santidad, porque la santidad supone entregarse con fidelidad y sacrificio todos los días de la vida.

La familia hace que los días sean menos inhóspitos

Crear hogar es, en última instancia, crear familia; es aprender a sentirse unido a los demás más allá de las limitaciones utilitarias o funcionales, unido de un modo que hace que la vida parezca un poco más humana. Crear hogar es permitir que la profecía tome forma y haga que nuestras horas y días sean menos inhóspitos, menos indiferentes y anónimos. Es crear vínculos que se construyen con gestos sencillos y cotidianos al alcance de todos.

Una casa, lo sabemos muy bien, necesita la cooperación de todos. Nadie puede ser indiferente o ajeno, porque todos son piedras necesarias en su construcción. Se trata de pedir al Señor que nos dé la gracia de aprender a ser pacientes, de aprender a perdonar y a empezar de nuevo cada día. ¿Cuántas veces hay que perdonar y volver a empezar? Setenta veces siete, las que hagan falta. Crear relaciones fuertes exige una confianza que se alimenta cada día con paciencia y perdón. Y así se realiza el milagro de experimentar que aquí nacemos de nuevo; aquí nacemos todos de nuevo porque sentimos la caricia de Dios que nos hace posible soñar con un mundo más humano y, por eso mismo, más divino.

No tengáis miedo de un amor auténtico

Hay un terreno común en el que se encuentran todos los jóvenes y es el deseo de un *amor* auténtico, hermoso y grande. Yo os digo: ¡no tengáis miedo de ese amor! Es el amor que Jesús nos revela y que san Pablo describe como «magnánimo y paciente, no inclinado al interés propio, sino al bien y a la verdad» (1 Corintios 13, 4-6). Os exhorto a descubrir los testimonios de amor de los santos y santas de todos los tiempos, incluso de nuestro tiempo: prueban más que cualquier discurso que el cristianismo no consiste en una serie de prohibiciones que ahogan el deseo de felicidad, sino en un proyecto de vida capaz de llenar el corazón.

No tengáis miedo de rebelaros contra la tendencia generalizada a reducir el amor a algo trivial, sin belleza, sin comunión, sin fidelidad ni responsabilidad. Esto es lo que sucede cuando utilizamos a los demás para nuestros propios fines egoístas, como objetos: los corazones se rompen y queda la tristeza.

Rebelaos contra la cultura de lo provisional

Algunos dicen que hoy en día el matrimonio está pasado de moda. En la cultura de lo provisional, de lo relativo, muchos predican que lo importante es disfrutar del momento, que no vale la pena comprometerse de por vida, tomar decisiones definitivas. Yo, en cambio, os pido que seáis revolucionarios, os pido que vayáis a contracorriente. Sí, os pido que os rebeléis contra esta cultura de lo provisional que, en el fondo, cree que sois incapaces de asumir responsabilidades, que sois incapaces de amar de verdad.

La familia merece la pena

A veces, las dificultades encontradas en la familia de origen llevan a muchos jóvenes a preguntarse si merece la pena formar una nueva familia, ser fieles, ser generosos. Quiero deciros que sí, que merece la pena apostar por la familia y que en ella encontraréis los mejores estímulos para madurar y las alegrías más hermosas para compartir. No dejéis que os roben la oportunidad de amar en serio. No os dejéis engañar por quienes os proponen una vida de desenfreno individualista que acaba conduciendo al aislamiento y a la peor soledad.

Elegid la vida

El amor parece ser algo que se vive a trompicones, mientras que amar es ante todo un don, una elección y un sacrificio. Elegir, sobre todo hoy, es no dejarse domesticar por la estandarización, es no dejarse anestesiar por los mecanismos de consumo que aniquilan la originalidad, es ser capaz de renunciar a las apariencias y a lo aparente. Elegir la vida es luchar contra la mentalidad de *usar y tirar* y del *todo rápido* para dirigir la existencia hacia la meta del cielo, hacia los sueños de Dios. Elegir la vida es vivir; y nacemos para vivir, no para ir tirando.

Nadie desea un amor a corto plazo

El deseo que hay en el fondo del corazón de todos es que el amor no se acabe, que la historia construida junto a la persona amada no llegue a su fin, que los frutos que ha generado no se malogren. Todo el mundo tiene este deseo. Nadie desea un amor *a corto plazo* o *a plazo fijo*. Y por eso se sufre mucho cuando los fallos humanos, la negligencia y los pecados arruinan un matrimonio. Pero incluso en medio de la tormenta, Dios ve lo que hay en el corazón.

> De un extremo a otro del piso, Lara iba deprisa y en silencio a lo suyo, con un camisón recogido lo mejor que podía, y él la perseguía, importunándola todo el tiempo con explicaciones triviales e inoportunas. Lara no tenía un minuto que perder y le contestaba, sin detenerse, solo girando la cabeza hacia él con miradas afablemente perplejas y estallidos de su inconfundible risa plateada, la única forma de intimidad que ahora quedaba entre ellos. ¡Tan distante, tan fría y atractiva era aquella a la que él lo había dado todo, lo había pospuesto todo y en comparación con la cual todo le había parecido insignificante y sin valor!
>
> Boris Pasternak, *Doctor Zhivago*

Las características del amor

El amor conyugal tiene tres características: es fiel, es perenne, es fecundo.

La fidelidad es precisamente la cualidad del amor de Jesús. Y el amor de Jesús en su Iglesia es fiel. Esta fidelidad es como una luz en el matrimonio: la fidelidad del amor, ¡siempre! Por supuesto, también hay momentos malos, muchas veces hay peleas. Pero al final se pide perdón y el amor matrimonial sigue su camino, como el amor de Jesús con la Iglesia.

La vida conyugal es también un amor perseverante: la perseverancia es necesaria en los buenos momentos y en los difíciles, cuando hay problemas con los hijos, problemas económicos. Incluso en estas situaciones, el amor persevera, los cónyuges se unen para intentar resolver las cosas.

Por último, el amor es fecundo: el amor de Jesús hace fecunda a su esposa, la Iglesia, con nuevos hijos, nuevos bautismos. Y la Iglesia crece con esta fecundidad nupcial del amor de Jesús.

Sed amables

Amar también significa ser amable, en el sentido de que el amor no actúa con rudeza, no reacciona con descortesía, no es duro en sus maneras. Sus modales, sus palabras, sus gestos son agradables y no ásperos ni rígidos. Odia hacer sufrir a los demás. La cortesía, como escribió el poeta Octavio Paz, «es una escuela de sensibilidad y desinterés» que requiere que la persona «cultive su mente y sus sentidos, que aprenda a escuchar, a hablar y, en ciertos momentos, a callar». Ser amable no es un estilo que el cristiano pueda elegir o rechazar: forma parte de las exigencias irrenunciables del amor, por lo que todo ser humano está obligado a ser amable con quienes le rodean.

Cada día, entrar en la vida del otro, incluso cuando forma parte de nuestra propia vida, exige la delicadeza de una actitud no invasiva que renueve la confianza y el respeto. Y el amor, cuanto más íntimo y profundo es, más exige el respeto a la libertad y la capacidad de esperar a que la otra persona abra la puerta de su corazón. Para estar preparado para un verdadero encuentro con el otro se requiere una mirada amable. Quien ama es capaz de pronunciar palabras de aliento, que reconfortan, que dan fuerza, que consuelan, que estimulan.

Seguid bailando

Recuerdo que alguien dijo que el agua estancada se corrompe, se echa a perder. Eso es lo que ocurre cuando la vida del amor después de los primeros años de matrimonio se estanca, deja de estar en movimiento, pierde esa sana inquietud que la impulsa hacia adelante. Sin embargo, esa danza del amor joven, esa danza con los ojos llenos de asombro y esperanza, no debe detenerse. En el noviazgo y en los primeros años de matrimonio la esperanza es lo que tiene la fuerza de la levadura, lo que hace ver más allá de las contradicciones, de los conflictos, de las contingencias, lo que siempre hace ver más allá: lo que pone en movimiento toda expectativa para mantenerse en un camino de crecimiento. La misma esperanza nos invita a vivir plenamente el presente, poniendo el corazón en la vida familiar, porque la mejor manera de preparar y consolidar el futuro es vivir bien el presente.

Hablad bien el uno del otro

Los cónyuges que se aman y se pertenecen hablan bien el uno del otro, intentan mostrar el lado bueno de su cónyuge más allá de sus debilidades y errores. No se trata solo de un gesto exterior, sino de una actitud interior. Tampoco es la ingenuidad de quien pretende no ver las dificultades y debilidades del otro, sino la amplitud de mirada de quien capta, en su contexto, esas debilidades y faltas, recordando que esas faltas son solo una parte, no la totalidad del ser del otro. Un hecho desagradable en la relación no es la totalidad de esa relación.

Así que es fácil aceptar que todo el mundo es una compleja combinación de luces y sombras. Lo otro no es solo lo que me molesta. Es mucho más que eso. Por la misma razón, no exijo que su amor sea perfecto para apreciarlo. Me ama como es y como puede, con sus limitaciones, pero el hecho de que su amor sea imperfecto no significa que sea falso o que no sea real. Es real, pero limitado y terrenal. Por eso, si le exijo demasiado, de alguna manera me hará darme cuenta de ello, ya que no podrá ni aceptará desempeñar el papel de un rey divino ni atender todas mis necesidades. El amor convive con la imperfección, la excusa y sabe callar ante las limitaciones del ser amado.

Todo el mundo tiene algo que ofrecer

Demos verdadera importancia a la otra persona: se trata de valorarla, de reconocer que tiene derecho a existir, a pensar por sí misma y a ser feliz. Nunca debemos subestimar lo que tiene que decir, aunque es necesario que cada uno exprese su propia opinión. Subyace la convicción de que todo el mundo tiene algo que ofrecer, porque tienen otra experiencia de la vida, porque miran las cosas desde otro punto de vista, porque han desarrollado otras inquietudes y tienen otras capacidades y percepciones.

Es posible reconocer la verdad de la otra persona, la importancia de sus preocupaciones más profundas y el trasfondo de lo que dice, incluso detrás de palabras agresivas. Por eso, hay que intentar ponerse en su lugar e interpretar lo más profundo de su corazón, identificar qué es lo que le apasiona y tomar esa pasión como punto de partida para profundizar en el diálogo.

Respetad la libertad de los demás

Amar como Cristo significa decir «no» a otros *amores* que nos propone el mundo: amor al dinero, amor al éxito, a la vanidad, al poder... Estas formas engañosas de *amor* nos alejan del amor del Señor y nos llevan a ser cada vez más egoístas, narcisistas, prepotentes. Y la arrogancia lleva a degenerar el amor, a abusar de los demás, a hacer sufrir a la persona amada. Pienso en el amor enfermo que se convierte en violencia y en cuántas mujeres son víctimas de la violencia hoy en día. Eso no es amor. Amar como nos ama el Señor significa apreciar a la persona que tenemos al lado, respetar su libertad, amarla tal como es, no como queremos que sea. Tal como es, gratuitamente.

Combinad los valores humanos y divinos

No hay que idealizar el matrimonio, como si solo existiera donde no hay problemas. El plan de Dios, puesto en nuestras manos, se realiza siempre imperfectamente, y, sin embargo, la presencia del Señor habita en la familia real y concreta, con todos sus sufrimientos, luchas, alegrías y resoluciones cotidianas. Cuando vivimos en la familia es difícil fingir y mentir, no podemos mostrar una máscara. Si el amor anima esa autenticidad, el Señor reina allí con su alegría y su paz. La espiritualidad del amor familiar está hecha de miles de gestos reales y concretos. En esta variedad de dones y encuentros que hacen madurar la comunión Dios tiene su morada. Esa entrega combina valores humanos y divinos, porque está llena del amor de Dios. En definitiva, la espiritualidad del matrimonio es una espiritualidad del vínculo habitada por el amor divino.

Nunca terminéis el día sin hacer las paces

Pero ¿es normal pelearse en el matrimonio? Sí, es normal. Ocurre. A veces vuelan los cuchillos. Pero si es amor verdadero, la paz se hace enseguida. Aconsejo a los novios: discutid todo lo que queráis, pero nunca terminéis el día sin hacer las paces. ¿Sabéis por qué? Porque la *guerra fría* del día siguiente es muy peligrosa.

¡Cuántos matrimonios se salvan si los esposos tienen el valor, al final del día, de intercambiar un beso! ¡Y se hace la paz!

La familia perfecta no existe

Algunas fantasías sobre un amor idílico y perfecto, privado así de todo estímulo para crecer, no salen bien. Una idea celestial del amor terrenal olvida que lo mejor es lo que aún no se ha logrado, el vino que madura con el tiempo.

No existen las familias perfectas que nos propone la publicidad engañosa y consumista. En ellas no pasan los años, no hay enfermedad, ni dolor, ni muerte. La publicidad consumista muestra una ilusión que nada tiene que ver con la realidad a la que los padres y madres de familia tienen que enfrentarse a diario.

Es más sano aceptar con realismo las limitaciones, los retos y las imperfecciones, y atender la llamada a crecer juntos, a madurar el amor y a cultivar la solidez de la unidad, pase lo que pase.

Aprended a dialogar

El diálogo es una forma privilegiada e indispensable de vivir, de expresar y madurar el amor en la vida conyugal y familiar. Pero requiere una formación larga e intensiva. Hombres y mujeres, adultos y jóvenes, tienen formas distintas de comunicarse, utilizan lenguajes diferentes, otros códigos. La forma de hacer las preguntas, de dar las respuestas, el tono utilizado, el momento y muchos otros factores pueden afectar a la comunicación. Siempre es necesario desarrollar las actitudes que son expresión de amor y hacen posible el diálogo auténtico: no hablar por encima del otro, estar abierto a las opiniones de los demás, aunque no se compartan, utilizar un lenguaje acogedor y evitar juzgar, culpar, herir. Muchas discusiones en la pareja no surgen por temas serios. A veces se trata de cosas pequeñas, sin importancia, pero lo que altera el estado de ánimo es la forma de tratarlas o la actitud que se adopta en el intercambio.

Pensad en los niños

Para un niño no hay mayor lección y testimonio que ver a sus padres amándose con ternura, respetándose, siendo amables el uno con el otro, perdonándose el uno al otro: esto es algo que llena el corazón de un niño de alegría y verdadera felicidad. Los niños, antes de habitar una casa de ladrillos, habitan otra casa aún más importante: habitan el amor mutuo de sus padres.

Los padres tienen la vocación de amarse: Dios lo ha sellado en sus corazones, porque Dios es amor. Y yo os pregunto: ¿viven vuestros hijos en vuestro amor mutuo?

Os exhorto: pensad en los niños. ¡Pensad siempre en los niños!

Se puede vencer al mal

Es muy doloroso cuando una familia experimenta una tensión que no puede resolverse, una ruptura que no puede sanarse. Cuando aparecen los primeros signos, un padre y una madre tienen el deber para consigo mismos y para con sus hijos de pedir ayuda, de obtener apoyo. En primer lugar, pedir ayuda a Dios.

Recuerda la historia de Jesús, la parábola del hijo pródigo. La conoces bien: habla del padre que da el primer paso hacia el hijo que se ha ido de casa y que lo ha malgastado todo… El Señor os dará la fuerza para que os deis cuenta de que se puede vencer al mal, que la unidad es más valiosa que el conflicto, que las rencillas que hemos tenido unos con otros pueden ser sanadas en nombre de un amor más grande, ese amor que él os ha llamado a vivir en el sacramento del matrimonio.

Perdonad las debilidades y limitaciones de cada uno

E incluso cuando la separación parezca inevitable, sabed que la Iglesia os lleva en su corazón. Y que vuestra tarea educativa no se detiene: sois y seréis siempre padre y madre, que no pueden vivir juntos por muchas razones. Por favor, buscad siempre la comprensión, la cooperación y la armonía por el bien y la felicidad de vuestros hijos. No utilicéis a los hijos como rehenes.

Pero también existe el camino del perdón. Perdonaros mutuamente y aceptar vuestras limitaciones os ayudará asimismo a comprender y aceptar las fragilidades y debilidades de vuestros hijos. Son una oportunidad para quererlos aún más y hacerles crecer. Solo así aprenderán también a no asustarse por sus propias limitaciones, a no desanimarse, sino a seguir adelante.

Una crisis superada mejora la unión

La historia de una familia está marcada por crisis de todo tipo, que también forman parte de su dramática belleza. Hay que ayudar a descubrir que una crisis superada no conduce a una relación menos intensa, sino a mejorar, asentar y madurar el vino de la unión. No se vive juntos para ser cada vez menos felices, sino para aprender a serlo de una manera nueva, a partir de las posibilidades que abre una nueva etapa.

La alegría de haber luchado juntos

San Agustín decía: «Cuanto mayor es el dolor en la batalla, más intensa es la alegría en el triunfo». Después de sufrir y luchar juntos, los cónyuges pueden experimentar que todo valió la pena, porque lograron algo bueno, aprendieron algo juntos o porque pueden apreciar más lo que poseen. Pocas alegrías humanas son tan profundas y festivas como cuando dos personas que se aman han conquistado juntas algo que ha implicado su esfuerzo compartido.

El amor y la verdad no pueden separarse

El amor es hoy una experiencia ligada al mundo de los sentimientos volubles y ya no a la verdad. ¿En serio es esa una descripción adecuada del amor? En realidad, el amor no puede reducirse a un sentimiento que va y viene. Toca nuestra afectividad, pero para abrirla a la persona amada e iniciar así un camino, que es una salida del encierro en uno mismo y hacia la otra persona, para construir una relación duradera; el amor aspira a la unión con la persona amada.

Si el amor necesita la verdad, la verdad también necesita el amor. El amor y la verdad no pueden separarse. Sin amor, la verdad se vuelve fría, impersonal, opresiva para la vida concreta de la persona. La verdad que buscamos, la verdad que da sentido a nuestros pasos, nos ilumina cuando somos tocados por el amor. Quien ama comprende que el amor es una experiencia de la verdad, que nos abre los ojos para ver toda la realidad de un modo nuevo, en unión con la persona amada.

No trivialicemos el amor

Al invitaros a redescubrir la belleza de la vocación humana del amor, os exhorto también a rebelaros contra la tendencia generalizada a trivializar el amor, sobre todo cuando se intenta reducirlo únicamente al aspecto sexual, desvinculándolo así de sus características esenciales de belleza, comunión, fidelidad y responsabilidad.

El sexo es un regalo

La sexualidad es un regalo de Dios. No es un tabú. Es un regalo que el Señor nos ofrece. Tiene dos finalidades: amarse y generar vida. El verdadero amor es apasionado. El amor entre un hombre y una mujer, cuando es apasionado, lleva a dar la vida para siempre. Para siempre. Jesús dice: por eso el hombre, y también la mujer, dejarán a su padre y a su madre y se unirán y serán… ¿una sola persona?…, ¿una sola identidad?…, ¿una sola fe matrimonial?… *Una sola carne*: esa es la grandeza de la sexualidad. Y hay que vivir la sexualidad así, en esta dimensión: la del amor entre el hombre y la mujer a lo largo de toda la vida.

Es cierto que nuestras debilidades, nuestros deslices espirituales, nos llevan a utilizar la sexualidad fuera de este hermoso camino. Es interesante observar cómo la sexualidad, que es el punto más bello de la creación, en el sentido de que el hombre y la mujer fueron creados a imagen y semejanza de Dios, es el más atacado por la mundanidad, por el espíritu del mal. Se gana mucho dinero con la industria de la pornografía, por ejemplo. Es una degeneración del nivel en el que Dios la ha colocado.

Pero la sexualidad es grande: cuidad vuestra dimensión sexual, vuestra identidad sexual. Protegedla bien. Y preparadla para el amor, para colocarla en ese amor que os acompañará toda la vida. Quiero contarte algo: una vez conocí a un matrimonio muy mayor y el marido me dijo: «Nos queremos mucho, mucho, y a veces nos abrazamos. A nuestra edad no podemos hacer el amor, pero nos abrazamos, nos besamos…».

Esta es la verdadera sexualidad. Nunca la separéis del hermoso lugar del amor.

Dios ama la alegría de ser humano

Dios creó la sexualidad. Dios ama la alegría de ser humano, lo ha creado todo «para que disfrutemos» (1 Timoteo 6, 17). Dejemos que la alegría brote de su ternura cuando nos propone: «Hijo, trátate bien [...]. No te prives de un día feliz» (Eclesiástico 14, 11.14). También un matrimonio responde a la voluntad de Dios siguiendo esta invitación bíblica: «En el día feliz estad alegres» (Eclesiastés 7, 14). La cuestión es tener la libertad de aceptar que el placer encuentre otras formas de expresión en los distintos momentos de la vida, según las necesidades del amor mutuo.

La dimensión erótica del amor es un don de Dios que embellece el encuentro entre los esposos. Al ser una pasión sublimada por el amor que admira la dignidad del otro, se convierte en una afirmación plena y cristalina del amor que nos muestra de qué maravillas es capaz el corazón humano y así, por un momento, percibimos que la existencia humana ha sido un éxito.

No dejéis de contemplaros

La mirada apreciativa es de enorme importancia y escatimarla suele resultar perjudicial. ¡Cuántas cosas hacen a veces los cónyuges y los hijos para ser considerados y tenidos en cuenta! Muchas heridas y crisis tienen su origen en el momento en que dejamos de contemplarnos. Así lo expresan algunas quejas y protestas que se oyen en las familias. «Mi marido no me mira, parece que soy invisible para él». «Por favor, mírame cuando te hablo». «Mi mujer ya no me mira, ahora solo tiene ojos para sus hijos». «En casa, nadie se interesa por mí, ni siquiera me ven, como si no existiera». El amor abre los ojos y permite ver, más allá de todo, lo que vale un ser humano.

Hay que cultivar la alegría de ese amor contemplativo. Puesto que estamos hechos para amar sabemos que no hay mayor alegría que la de compartir un bien: «Da y recibe regalos, y goza» (Eclesiástico 14, 16). Las alegrías más intensas de la vida surgen cuando uno puede proporcionar felicidad a los demás, en un anticipo del cielo. Esa alegría, efecto del amor fraterno, no es la de la vanidad de quien se mira a sí mismo, sino la de quien ama y se alegra del bien del amado, que se derrama en el otro y se hace fecundo en él.

Todo matrimonio es una historia de salvación

Una de las causas que llevan a la ruptura de los matrimonios es tener expectativas demasiado altas de la vida conyugal. Cuando uno descubre la realidad, más limitada y problemática de lo que había soñado, la solución es tomarse el matrimonio como un camino de maduración, en el que cada cónyuge es un instrumento de Dios para hacer crecer al otro. El cambio, el crecimiento y el desarrollo de las buenas potencialidades que cada uno lleva dentro son posibles.

Todo matrimonio es una *historia de salvación* y esto supone que parte de una fragilidad que, gracias al don de Dios y a una respuesta creativa y generosa, poco a poco va dando paso a una realidad cada vez más sólida y valiosa.

En el amor quizá la mayor misión de un hombre y una mujer sea esta: hacer que el otro sea más hombre y más mujer. Crecer es ayudar al otro a avanzar hacia su propia identidad. Por eso el amor es artesanal.

Amor, debido a nada excepto tú
habría roto este sueño feliz, una imagen
a la razón destinada, en exceso
potente para ser solo un fantasma,
es sabio de tu parte despertarme,
por tanto, mas mi sueño no interrumpes
sino que sigues: eres tan verdad
que el pensamiento de ti es suficiente
para volver verdad sueños, ficciones, historias;
entra a estos brazos, ya que decidiste
que no soñara mi sueño completo, actuemos el resto.
Como un relámpago, o luz de una vela
me despertaron tus ojos, no el ruido que hiciste;
al principio creí
(pues amas la verdad), que eras un ángel,
hasta que vi que veías por dentro
mi corazón y mi mente, mejor que los Ángeles pueden hacerlo,
y que sabías qué estaba soñando, y sabías
en qué momento me despertaría el exceso
de gozo, y viniste, confieso que entonces
habría sido herejía creer

que tú fueras otra que tú.
Venir y quedarte conmigo te reveló,
mas levantarnos me hace preguntarme
si tú eres aún tú.
Es débil el amor si enfrenta al miedo,
ya no es espíritu puro, valiente,
si en él se mezclan miedo, vergüenza y honor.
Tal vez como antorcha que debe estar lista
para apagar y encender si hace falta,
así me tratas tú, pues viniste a encenderme,
te vas para venir.
Entonces yo soñaré esa esperanza
una vez más, o si no moriré.

JOHN DONNE, *El sueño*

El amor no es un sueño barato

El amor es el mayor sueño de la vida, pero no es un sueño barato. Es hermoso, pero no es fácil, como todas las grandes cosas. Es *el* sueño, pero no es un sueño fácil de interpretar. Se necesitan ojos nuevos, ojos que no se dejen engañar por las apariencias.

No trivialicemos el amor, porque el amor no es solo emoción y sentimiento; si acaso, eso es el principio. El amor no es tenerlo *todo rápido*, no responde a la lógica del *usar y tirar*. El amor es fidelidad, don, responsabilidad.

Por eso, cuando sueñes con el amor, no creas en efectos especiales, sino en que cada uno de vosotros es especial: cada uno es un regalo y puede hacer de la vida, de tu propia vida, un regalo. Los demás, la sociedad, los pobres os esperan. Sueña con una belleza que vaya más allá de las apariencias, de las máscaras, de las modas. Sueña sin miedo con formar una familia, con engendrar y criar hijos, con pasar una vida compartiéndolo todo con otra persona, sin avergonzarte de tus fragilidades, porque hay quien las acoge y las ama, quien te ama tal como eres. Esto es el amor: amar al otro tal como es.

III

El amor se aprende

La familia es el lugar del encuentro

Todos vosotros, esposos, al formar vuestra familia, con la gracia de Cristo, habéis hecho esta valiente elección: *no usar vuestra libertad para vosotros mismos, sino para amar a las personas que Dios ha puesto a vuestro lado*. En lugar de vivir como islas, os habéis puesto al servicio los unos de los otros. No hay *planetas* o *satélites* que viajen cada uno en su órbita. La familia es el lugar del encuentro, del compartir, de salir de uno mismo para acoger al otro y estar cerca de él. Es *el primer lugar donde se aprende a amar*.

Una promesa que se cumple por sí misma

En nuestros días, el honor de la fidelidad a la promesa de vida familiar parece muy debilitado. Por un lado, porque un mal entendido derecho a buscar la propia satisfacción a toda costa y en cualquier relación se ensalza como principio innegociable de la libertad. Por otro lado, porque las limitaciones de la vida de relación y el compromiso por el bien común se confían exclusivamente a las limitaciones de la ley. Pero, en realidad, nadie quiere ser amado solo por sus posesiones o por obligación. El amor, como la amistad, debe su fuerza y su belleza precisamente a este hecho: que genera un vínculo sin quitar libertad. El amor es libre, la promesa de familia es libre y ahí radica su belleza. Sin libertad no hay amistad, sin libertad no hay amor, sin libertad no hay matrimonio.

Sí, la fidelidad es una promesa de compromiso que se cumple por sí misma, que crece en libre obediencia a la palabra dada. La fidelidad es una confianza que *quiere* ser verdaderamente compartida y una esperanza que *quiere* ser cultivada juntos. Y hablando de fidelidad: me viene a la memoria lo que nos dicen nuestros mayores, nuestros abuelos: «En aquellos tiempos, cuando se llegaba a un acuerdo, bastaba un apretón de manos, porque había lealtad a las promesas». Y eso también, que es un hecho social, tiene su origen en la familia, en el apretón de manos entre hombre y mujer, para seguir juntos toda la vida.

Más que la suma de sus individuos

La familia es una comunidad de vida que tiene existencia propia e independiente. No es la suma de las personas que la componen, sino una comunidad de personas. Y una comunidad es más que la suma de sus individuos: es el lugar donde se aprende a amar, el centro natural de la vida humana. Está hecha de rostros, de personas que aman, dialogan, se sacrifican por los demás y defienden la vida, sobre todo la más frágil, la más débil. Podría decirse, sin exagerar, que la familia es el motor del mundo y de la historia.

Cada uno de nosotros construye su personalidad en la familia, creciendo con mamá y papá, hermanos y hermanas, respirando el calor del hogar. La familia es el lugar donde recibimos nuestro nombre, es el lugar del afecto, el espacio de la intimidad, donde aprendemos el arte del diálogo y de la comunicación interpersonal. En la familia la persona toma conciencia de su propia dignidad y, sobre todo si la educación es cristiana, toma conciencia de la dignidad de cada persona, especialmente de los enfermos, los débiles, los marginados.

Cuatro palabras necesarias

En la familia deben utilizarse cuatro palabras: por favor, gracias, perdón. Cuatro palabras clave.

Cuando en una familia no se es prepotente y se pide «por favor», no se es egoísta y se aprende a decir «gracias», y si alguien se da cuenta de que ha hecho algo mal sabe decir «perdón», en esa familia hay paz y hay alegría.

No seamos cicateros al usar esas palabras, seamos generosos al repetirlas, porque algunos silencios pesan, a veces incluso en la familia, entre marido y mujer, entre padres e hijos, entre hermanos. En cambio, las palabras justas, dichas en el momento oportuno, protegen y alimentan el amor día tras día.

Toda casa es un candelabro

La Biblia está poblada de familias, de generaciones, de historias de amor y de crisis familiares, desde la primera página, donde entra en escena la familia de Adán y Eva, con su carga de violencia, pero también con la fuerza de la vida que continúa (cfr. Génesis 4), hasta la última, donde aparecen las bodas de la Esposa y el Cordero (cfr. Apocalipsis 21, 2.9). Las dos casas que describe Jesús, construidas sobre la roca o sobre la arena (cfr. Mateo 7, 24-27), representan muchas situaciones familiares, creadas por la libertad de quienes las habitan, porque, como escribe Borges, «toda casa es un candelabro».

En esa hora en que la luz
tiene una figura de arena,
di con una calle ignorada,
abierta en noble anchura de terraza,
cuyas cornisas y paredes mostraban
colores blandos como el mismo cielo
que conmovía el fondo.
Todo —la medianía de las casas,
las modestas balaustradas y llamadores,
tal vez una esperanza de niña en los balcones— entró
en mi vano corazón
con limpidez de lágrima.
Quizá esa hora de la tarde de plata
diera su ternura a la calle,
haciéndola tan real como un verso
olvidado y recuperado.
Solo después reflexioné

que aquella calle de la tarde era ajena,
que toda casa es un candelabro
donde las vidas de los hombres arden
como velas aisladas,
que todo inmediato paso nuestro
camina sobre Gólgotas.

JORGE LUIS BORGES, *Camino desconocido*

La sociedad necesita espíritu familiar

Una mirada atenta a la vida cotidiana de los hombres y mujeres de hoy muestra inmediatamente la necesidad que existe en todas partes de una fuerte inyección de *espíritu familiar*. De hecho, el estilo de las relaciones —civiles, económicas, jurídicas, profesionales, de ciudadanía— parece muy racional, formal, organizado, pero también muy seco, árido, anónimo. A veces se hace insoportable. Aunque quiere ser inclusivo en sus formas, en realidad abandona a la soledad y al rechazo a un número cada vez mayor de personas.

La familia abre una perspectiva mucho más humana para el conjunto de la sociedad: abre los ojos de los niños a la vida —y no solo los ojos, sino también todos los demás sentidos— presentando una visión de las relaciones humanas construida sobre la libre alianza del amor. La familia introduce la necesidad de los lazos de fidelidad, sinceridad, confianza, cooperación, respeto; anima a planificar un mundo habitable y a creer en las relaciones de confianza, incluso en condiciones difíciles; enseña a honrar la palabra dada, a respetar a las personas individuales, a compartir los límites de la vida de uno y de los demás. Y todos somos conscientes de lo insustituible que es el cuidado familiar de los más jóvenes, los más vulnerables, los más heridos e incluso los más rotos en el desarrollo de sus vidas. En la sociedad quienes practican estas actitudes las han asimilado desde el espíritu familiar, no desde la competencia y el deseo de autorrealización.

Podríamos decir que hoy las familias son una de las redes más importantes para la misión de la Iglesia. ¡No es esta una red que haga prisioneros! Al contrario, libera de las aguas perversas del abandono y la indiferencia en las que se ahogan muchos seres humanos. Las familias saben bien lo que es la dignidad de sentirse hijos y no esclavos, o extraños, o solo un número de carné de identidad.

Guardad meditando

Los pastores encuentran «a María, a José y al niño acostado en el pesebre» (Lucas 2, 16). El pesebre es un signo gozoso para los pastores: es la confirmación de lo que habían sabido por el ángel (cfr. v. 12), es el lugar donde encuentran al Salvador. El pesebre es también un signo gozoso para nosotros: Jesús nos toca el corazón al nacer pequeño y pobre, nos infunde amor y no miedo.

Pero para María, la Santa Madre de Dios, no fue así. Tuvo que soportar «el escándalo del pesebre». También ella, mucho antes que los pastores, había recibido el anuncio de un ángel que le había dicho palabras solemnes sobre el trono de David.

Y ahora debía acostar a su hijo en un pesebre para animales. ¿Cómo conciliar la gloria del Altísimo y la miseria de un establo? ¿Qué hay más duro para una madre que ver a su hijo en la miseria? Pero ella no se desanima. No se desahoga, sino que calla. El Evangelio dice que «María, por su parte, guardaba todas estas cosas, meditándolas en su corazón» (Lucas 2, 19). Mientras que otros se habrían dejado llevar por el abatimiento, ella no lo hizo: *guardó meditando*.

Aprendamos de la Madre de Dios esta actitud: guardar meditando. Porque también nosotros experimentamos ciertos «escándalos de pesebre». Esperamos que todo vaya bien y entonces llega un problema inesperado, como un rayo en un cielo despejado. Y se produce un doloroso choque entre las expectativas y la realidad. Sucede también en la fe, cuando la alegría del Evangelio es puesta a prueba por una situación dura en nuestro camino. Pero la Madre de Dios nos enseña a sacar provecho de ese bache. Nos muestra que es necesario, que es la senda angosta hacia la meta, la cruz sin la cual no se resucita. Es como un parto doloroso, que da a luz una fe más madura.

¿Cómo hacer esa transición, cómo superar el choque entre lo ideal y lo real? Haciendo como María: *guardando y meditando*. En primer lugar, María vigila, es decir, no se dispersa. No rechaza lo que sucede. Guarda todo en su corazón, todo lo que ha visto y oído. Las cosas bellas, como el anuncio del ángel, y lo que le habían dicho los pastores. Pero también las cosas difíciles de aceptar: el peligro que corrió al quedarse embarazada antes del matrimonio y luego la angustia desoladora del establo donde dio a luz. Esto es lo que hace María: no selecciona, guarda. Acoge la realidad tal como viene, no intenta disfrazarla, maquillar la vida: la guarda en su corazón.

Lo que saben hacer las madres

Esta mirada inclusiva, que supera las tensiones guardando y meditando en el corazón, es la mirada de las madres, que en las tensiones no dividen, sino que mantienen la unidad. Es la mirada con la que tantas madres abrazan los problemas de sus hijos. Es una mirada concreta, que no se deja vencer por la desesperación, que no se paraliza ante los problemas, sino que los sitúa en un horizonte más amplio. La suya es una mirada consciente, sin ilusiones que, más allá del dolor y de los problemas, ofrece una perspectiva más amplia, la del cuidado, la del amor que regenera la esperanza.

Esto es lo que hacen las madres: saben superar obstáculos y conflictos, saben infundir paz. Así es como consiguen convertir la adversidad en oportunidades para renacer y crecer. Lo hacen porque saben guardar, saben mantener unidos los hilos de la vida, todos ellos. Necesitamos personas que sepan tejer hilos de comunión, que sepan contrarrestar las demasiadas púas de la división. Y las madres saben cómo hacerlo.

La grandeza de las madres

María no habla. Acepta con asombro el misterio que vive, lo guarda todo en su corazón y, sobre todo, cuida del Niño, que estaba «acostado en el pesebre» (Lucas 2, 16). Este verbo, recostar, significa poner con cuidado, y nos dice que el lenguaje propio de María es el de la maternidad: cuidar con ternura al Niño. Esta es la grandeza de María: mientras los ángeles se alegran, los pastores acuden en tropel y todos alaban a Dios en voz alta por lo que ha sucedido, María no habla, no entretiene a los invitados explicándoles lo que le ha sucedido, no roba el protagonismo —¡nos encanta robar el protagonismo!—. Al contrario, pone al Niño en el centro, cuidándolo con amor.

Te veo en mil imágenes,
María, amorosamente representada,
pero ninguna puede representarte
como te ha visto mi alma.
Solo sé que el tumulto del mundo
desde entonces se me ha desvanecido como un sueño,
y un cielo de indecible dulzura
estará en mi alma para siempre.

NOVALIS, *Cantos espirituales*

La madre de todos

María es la que sabe transformar en la casa de Jesús una gruta de animales, con unos pobres pañales y un montón de ternura. Es la pequeña sierva del Padre que se regocija en la alabanza. Es la amiga siempre atenta de que no falte vino en nuestras vidas. Ella es la que tiene el corazón atravesado por la espada, la que comprende todos los dolores. Como madre de todos es signo de esperanza para los pueblos que sufren los dolores del parto hasta que brota la justicia. Ella es la misionera que se acerca a nosotros para acompañarnos en la vida, abriendo los corazones a la fe con su afecto materno. Como una verdadera madre, camina con nosotros, lucha con nosotros y derrama incesantemente la cercanía del amor de Dios.

Magnificat

Mi alma engrandece al Señor
y mi espíritu se regocija en Dios,
mi salvador,
porque miró la humildad
de su sierva.
En adelante todas las generaciones
me llamarán bienaventurada.
Grandes cosas ha hecho en mí
el Todopoderoso, y santo es su nombre:
de generación en generación
su misericordia
se extiende sobre aquellos que le temen.
Desplegó el poder de su brazo,
dispersó a los orgullosos en el pensamiento
de sus corazones;
ha derribado a los poderosos de sus tronos,
ha enaltecido a los humildes;
ha colmado de bienes a los hambrientos,
ha enviado a los ricos con las manos vacías.

Ha ayudado a Israel, su siervo,
acordándose de sumisericordia,
como prometió a nuestros padres,
a Abraham y a su descendencia,
para siempre.
Gloria al Padre, al Hijo
y al Espíritu Santo.
Como era en el principio, ahora y siempre,
porlos siglos de los siglos.
Amén

Uno aprende a ser padre

Los padres no nacen, aprenden a serlo. Y uno no se convierte únicamente porque da a luz a un hijo, sino porque se ocupa responsablemente de él. Cada vez que alguien se responsabiliza de la vida de otro, en cierto sentido ejerce la paternidad hacia él.

Entregar a los niños a la vida

Ser padres significa introducir al niño en la experiencia de la vida, en la realidad. No retenerlo, no aprisionarlo, no poseerlo, sino hacerlo capaz de opciones, de libertad, de salidas. Tal vez por eso, además del término «padre», la tradición ha llamado también a José «castísimo». No se trata de una indicación meramente afectiva, sino de la síntesis de una actitud que expresa lo contrario de la posesión. La castidad es la libertad de la posesión en todas las esferas de la vida. Solo cuando un amor es casto es verdaderamente amor. El amor que quiere poseer siempre acaba siendo peligroso, aprisiona, asfixia, hace infeliz. Dios mismo ha amado al hombre con amor casto, dejándolo libre incluso para equivocarse y volverse contra él. La lógica del amor es siempre una lógica de libertad y José supo amar de un modo extraordinariamente libre. Nunca se puso en el centro. Supo descentrarse, poner a María y a Jesús en el centro de su vida.

La verdadera paternidad es hacerse inútil

La paternidad que renuncia a la tentación de vivir la vida de los hijos abre siempre espacio a lo inédito. Cada hijo trae consigo un misterio, un misterio inédito que solo puede revelarse con la ayuda de un padre que respete su libertad. Un padre consciente de que solo completa su labor educativa y vive plenamente su paternidad cuando se hace *inútil*, cuando ve que el hijo se hace autónomo y recorre por sí mismo los caminos de la vida, cuando se pone en la situación de José, que siempre supo que el hijo no era suyo, sino que simplemente le había sido confiado. Al fin y al cabo, esto es lo que da a entender Jesús cuando dice: «No llaméis padre a ninguno de vosotros en la tierra, porque vuestro Padre es uno solo, el Padre celestial» (Mateo 23, 9).

Los hermanos discuten

En una familia los hermanos discuten, intercambian opiniones. Desconfío de los que nunca discuten, porque siempre tienen agendas ocultas.

Esta es la fraternidad de la Iglesia: se puede discutir sobre visiones, sensibilidades, ideas diferentes y, a veces, decirse las cosas a la cara con franqueza, sin hablar a espaldas, lo que no es bueno para nadie. El debate es una oportunidad para crecer y cambiar.

Pero recordemos siempre que discutimos no para hacer la guerra, no para imponernos, sino para expresar y vivir la vitalidad del Espíritu, que es amor y comunión. Discutimos, pero seguimos siendo hermanos.

Yo te acojo

Y esta es, al fin y al cabo, la dinámica de la familia. En la familia hay una dinámica de acogida, porque, en primer lugar, la pareja se acogió mutuamente, como se dijeron el día de su matrimonio: «Te acojo». Y después, al traer hijos al mundo, acogieron la vida de nuevas criaturas. Y mientras que en contextos anónimos a menudo se rechaza a los más débiles, en las familias, en cambio, es natural acogerlos: un niño discapacitado, un anciano necesitado de cuidados, un pariente en apuros que no tiene a nadie…

De padres a hijos

La unión del hombre y la mujer en el matrimonio nace de su amor, signo y presencia del amor de Dios, reconocimiento y aceptación de la bondad de la diferencia sexual, por la que los esposos pueden unirse en una sola carne (cfr. Génesis 2, 24) y son capaces de generar nueva vida, manifestación de la bondad, la sabiduría y el designio de amor del Creador. Fundados en ese amor, el hombre y la mujer pueden prometerse amor mutuo con un gesto que abarca toda la vida y que recuerda muchos rasgos de la fe. Prometer un amor para siempre es posible cuando se descubre un plan más grande que los propios proyectos, que nos sostiene y nos permite dar a la persona amada todo el futuro. La fe ayuda entonces a acoger la generación de los hijos en toda su profundidad y riqueza, porque nos hace reconocer en ella el amor del Creador que nos da y nos confía el misterio de una persona nueva.

Los hijos son piedras vivas

Si los padres son como los cimientos de la casa, los hijos son como las *piedras vivas* de la familia (cfr. 1 Pedro 2, 5). Es significativo que en el Antiguo Testamento la palabra que más veces aparece después de la palabra divina (*YHWH*, el «Señor») sea «hijo» (*ben*), palabra que remite al verbo hebreo que significa construir (*banah*). Por eso el Salmo 127 ensalza el don de los hijos con imágenes que se refieren tanto a la construcción de una casa como a la vida social y comercial que se desarrollaba a las puertas de la ciudad: «Si el Señor no construye la casa, en vano se afanan los constructores [...] He aquí que la herencia del Señor son los hijos; su recompensa, el fruto del vientre. Como flechas en la mano del guerrero son los hijos de la juventud. Bienaventurado el hombre cuyo carcaj está lleno de ellas: no se avergonzará cuando llegue a la puerta para vérselas con sus enemigos» (vv. 1.3-5).

Estas imágenes reflejan la cultura de una sociedad antigua, pero la presencia de niños es en cualquier caso un signo de la plenitud de la familia en la continuidad de la misma historia de salvación, de generación en generación.

Dejadlos ir

El Evangelio nos recuerda que los hijos no son propiedad de la familia, sino que tienen por delante su propio camino personal en la vida. Si es cierto que Jesús se presenta como un modelo de obediencia a sus padres terrenales, permaneciendo sumiso a ellos (cfr. Lucas 2, 51), también lo es que muestra que la elección de vida del hijo y su propia vocación cristiana pueden exigir desapego para realizar su propia entrega al reino de Dios (cfr. Mateo 10, 34-37; Lucas 9, 59-62). Además, Él mismo, a los doce años, responde a María y a José que tiene una misión más alta que cumplir más allá de su familia histórica (cfr. Lucas 2, 48-50). Por eso exalta la necesidad de otros vínculos más profundos incluso dentro de las relaciones familiares: «Mi madre y mis hermanos son estos: los que escuchan la palabra de Dios y la ponen en práctica» (Lucas 8, 21).

Por otra parte, en la atención que les presta a los niños —considerados en la antigua sociedad del Próximo Oriente como súbditos sin derechos especiales y como parte de la propiedad familiar—, Jesús llega a presentarlos a los adultos casi como maestros, por su confianza sencilla y espontánea en los demás: «En verdad os digo que si no os convertís y os hacéis como niños, no entraréis en el reino de los cielos. Por eso, el que se haga pequeño como este niño, es el mayor en el reino de los cielos» (Mateo 18, 3-4).

> Allí me pareció en una visión
> extática que me atraía de repente,
> y ve en un templo más gente;
> y una mujer, al entrar, con dulce
> gesto de madre, dijo: «Hijo mío,
> ¿por qué nos has hecho eso?
> Allí, apenados, te buscábamos
> tu padre y yo».
>
> DANTE ALIGHIERI, *Purgatorio*, XV

Dios confía en ellos

Dios ama a los jóvenes, pero esto no significa que los proteja de todo riesgo, de todo desafío y de todo sufrimiento. Dios no es ansioso y sobreprotector; al contrario, confía en ellos y llama a cada uno a la medida de la vida y de la misión. Pensemos en el niño Samuel, en el adolescente David, en el joven Jeremías; pensemos sobre todo en aquella muchacha de apenas dieciséis, diecisiete años, que concibió a Jesús, la Virgen María. Él confía en una muchacha.

Queridos padres, la palabra de Dios nos indica el camino: no preservar a los hijos de toda incomodidad y sufrimiento, sino tratar de transmitirles la pasión por la vida, encender en ellos el deseo de encontrar su vocación y abrazar la gran misión que Dios ha planeado para ellos.

¿Dónde está su alma?

Lo más importante es estar al lado de los niños con cariño para ayudarles a encontrar su libertad, para ayudarles a crecer hasta alcanzar una auténtica autonomía. Solo entonces tendrán en su interior los recursos que necesitan para poder defenderse y actuar con inteligencia y sabiduría en circunstancias difíciles. Por tanto, la cuestión fundamental no es dónde se encuentra nuestro hijo físicamente, con quién está en ese momento, sino dónde está en un sentido existencial, cuáles son sus convicciones, sus objetivos, sus deseos y su proyecto de vida. ¿Dónde están nuestros hijos en su viaje? ¿Dónde está realmente su alma? ¿Lo sabemos? Y, sobre todo: ¿queremos saberlo?

El retorno del amor

En la experiencia humana común, el amor es descendente: no vuelve a la vida que queda atrás con la misma fuerza con la que se derrama en la vida que aún tenemos por delante.

La gratuidad del amor también aparece en esto: los padres siempre lo han sabido, los mayores lo aprenden pronto. Sin embargo, la revelación abre una vía para un retorno diferente del amor: es la vía del *honor a* los que nos han precedido. La manera de *honrar a* los que nos han precedido comienza aquí, honrando a los ancianos.

La alianza de ancianos y niños nos salvará

Donde los jóvenes hablan con los ancianos hay futuro; la alianza de ancianos y niños salvará a la familia humana. ¿Podríamos, por favor, devolver a los niños, que deben aprender a nacer el tierno testimonio de los ancianos que poseen la sabiduría de morir?

¿Podrá esta humanidad, que con todos sus progresos nos parece un adolescente nacido ayer, recobrar la gracia de una vejez que encierra el horizonte de nuestro destino?

La muerte es ciertamente un pasaje difícil de la vida para todos nosotros. Pero la muerte es también el paso que cierra el tiempo de la incertidumbre y desconecta el reloj: porque la belleza de la vida, que ya no tiene fecha de caducidad, comienza precisamente entonces. Pero comienza con la sabiduría de ese hombre y esa mujer, los ancianos, que son capaces de ceder el testigo a los jóvenes.

Pensemos en el diálogo, en la alianza de los ancianos y los niños, de los ancianos con los jóvenes, y hagamos que ese vínculo no se rompa. Dejemos que los ancianos tengan la alegría de hablar, de expresarse con los jóvenes, y que los jóvenes busquen a los ancianos para aprehender de ellos la sabiduría de la vida.

Restablezcamos la alianza entre generaciones

La juventud es hermosa, pero la eterna juventud es una alucinación muy peligrosa. La alianza entre generaciones, que devuelve al ser humano todas las edades de la vida, es nuestro don perdido y debemos recuperarlo.

La profecía de Joel dice: «Vuestros ancianos tendrán sueños, vuestros jóvenes tendrán visiones» (3, 1). Los jóvenes que ya no cuestionan los sueños de sus mayores, apuntando de cabeza a visiones que no van más allá de sus narices, lucharán por cargar con su presente y superar su futuro. Si los abuelos se repliegan en sus melancolías, los jóvenes se preocuparán aún más por sus smartphones. La pantalla puede seguir encendida, pero la vida se apaga antes de tiempo.

Lo que soñaron para nosotros

Es bonito encontrar, entre las cosas que nuestros padres han guardado, algunos recuerdos que nos permitan imaginar lo que nuestros abuelos y abuelas soñaron para nosotros. Todo ser humano, incluso antes de nacer, recibió de sus abuelos, como regalo, la bendición de un sueño lleno de amor y esperanza: el de una vida mejor. Y si no lo recibió de ninguno de sus abuelos, seguro que un bisabuelo lo soñó y se alegró por él, contemplando en la cuna a sus hijos y luego a sus nietos.

El sueño primordial, el sueño creador de Dios, nuestro Padre, precede y acompaña la vida de todos sus hijos. Recordar esta bendición, que se extiende de generación en generación, es una valiosa herencia que debemos ser capaces de mantener viva para poder transmitirla.

La muerte no tiene la última palabra

En el pueblo de Dios, con la gracia de su compasión encarnada en Jesús, muchas familias demuestran con hechos que la muerte no tiene la última palabra: es un verdadero acto de fe.

Siempre que la familia en duelo —asimismo terrible— encuentre la fuerza para preservar la fe y el amor que nos unen a quienes amamos, ya impide que la muerte se lo lleve todo. La oscuridad de la muerte debe afrontarse con una labor de amor más intensa.

«¡Dios mío, ilumina mis tinieblas!» es la invocación de la liturgia vespertina. A la luz de la Resurrección del Señor, que no abandona a ninguno de los que el Padre le ha confiado, podemos arrancar el «aguijón» de la muerte, como decía el apóstol Pablo (cfr. 1 Corintios 15, 55); podemos impedir que envenene nuestra vida, que haga vanos nuestros afectos, que nos haga caer en el vacío más oscuro.

Nadie que crea y ame
llorará ante una tumba:

el Amor, dulce bien,
nadie le robará.
—Su nostalgia mitiga
la ebriedad de la Noche—.
Fieles hijos del Cielo
velan su corazón.
Con tal consuelo avanza
la vida hacia lo eterno;
un fuego interno ensancha
y da Luz a nuestra alma;
una lluvia de estrellas
se hace vino de vida,
beberemos de él
y seremos estrellas.
El Amor se prodiga:
ya no hay separación.
La vida, llena, ondea
como un mar infinito;
una Noche de gozo
—un eterno poema—
y el Sol, el Sol de todos,
será el rostro de Dios.

NOVALIS, *Himnos a la noche*

Una escuela de amor

La fidelidad a las promesas es una verdadera obra maestra de la humanidad. Si contemplamos su audaz belleza, nos sentimos intimidados, pero si despreciamos su valiente tenacidad, estamos perdidos. Ninguna relación amorosa —ninguna amistad, ninguna forma de amar, ninguna felicidad del bien común— llega al nivel de nuestro deseo y de nuestra esperanza, si no llega a habitar este milagro del alma. Y digo «milagro» porque la fuerza y la persuasión de la fidelidad, a pesar de todo, no dejan de encantarnos y asombrarnos. El honor a la palabra dada, la fidelidad a la promesa, no se compran ni se venden. No se puede obligar por la fuerza, pero tampoco se puede custodiar sin sacrificio.

Ninguna escuela puede enseñar la verdad del amor, si no lo hace la familia. Ninguna ley puede imponer la belleza y la herencia de este tesoro de la dignidad humana, si el vínculo personal entre el amor y la generación no está escrito en nuestra carne.

Un valioso legado

Todos somos hijos de una historia que hay que guardar. No somos individuos aislados, no somos islas, nadie viene al mundo aislado de los demás. Nuestras raíces, el amor que nos esperaba y que recibimos al venir al mundo, los entornos familiares en los que crecimos, forman parte de una historia única que nos precedió y nos generó. No la elegimos, sino que la recibimos como un don; y es un don que estamos llamados a guardar. Porque, como nos recuerda el libro del Eclesiástico, somos la «posteridad» de quienes nos han precedido, somos su «preciosa herencia» (Eclesiástico 44, 11). Un legado que, más allá de las proezas o la autoridad de unos, de la inteligencia o la creatividad de otros en el canto o la poesía, tiene su centro en la justicia, en ser fieles a Dios y a su voluntad.

Para abrazar de verdad quiénes somos y lo valiosos que somos, necesitamos *asumir* a aquellos de quienes descendemos, aquellos que no solo han pensado en sí mismos, sino que nos han transmitido el tesoro de la vida. Estamos aquí gracias a nuestros padres, pero también gracias a nuestros abuelos, que nos hicieron sentir bienvenidos al mundo. A menudo eran ellos los que nos querían sin necesitar ni esperar nada de nosotros: nos cogían de la mano cuando teníamos miedo, nos tranquilizaban en la oscuridad de la noche, nos animaban cuando teníamos que afrontar las decisiones de la vida a la luz del sol.

Artífices de una historia por construir

Además de ser hijos de una historia que hay que guardar, también somos artífices de una historia por construir. Cada persona puede reconocerse en lo que es, con sus luces y sus sombras, en función del amor que ha recibido o del que le ha faltado. El misterio de la vida humana es este: todos somos hijos de alguien, generados y formados por alguien, pero al hacernos adultos también estamos llamados a ser generadores, padres, madres y abuelos de otro.

Entonces, mirando a la persona que somos hoy, ¿qué queremos hacer de nosotros mismos? Los abuelos de los que procedemos, los ancianos que soñaron, esperaron y se sacrificaron por nosotros, nos plantean una pregunta fundamental: ¿qué tipo de sociedad queremos construir? Hemos recibido mucho de manos de quienes han rezado por nosotros: ¿qué queremos legar a nuestra posteridad? ¿Una fe viva o impostada? ¿Una sociedad basada en el beneficio individual o en la fraternidad? ¿Un mundo en paz o en guerra? ¿Una creación devastada o una casa que sigue siendo acogedora?

IV

El amigo es otro yo

El encuentro con los demás

El ser humano está hecho de tal manera que no se realiza a sí mismo, no se desarrolla y no puede encontrar su plenitud más que a través de una entrega sincera de sí mismo. Del mismo modo, no puede reconocer plenamente su propia verdad más que en el encuentro con los demás: *en realidad, no me comunico conmigo mismo más que en la medida en que me comunico con los demás*. Esto explica por qué nadie puede experimentar el valor de la vida sin rostros concretos a los que amar.

Aquí reside un secreto de la auténtica existencia humana: existe vida donde hay vínculo, comunión, fraternidad. Por el contrario, donde existe la pretensión de pertenecer solo a uno mismo y vivir como islas, no hay vida: la muerte prevalece en estas actitudes. En cambio, cuando se construye sobre relaciones verdaderas y lazos de fidelidad, la vida es más fuerte que la muerte.

Desde lo más profundo de cada corazón el amor crea vínculos y agranda la existencia cuando hace que la persona salga de sí misma hacia el otro.

Un hermosísimo secreto

He aquí un hermosísimo secreto para soñar y hacer de nuestra vida una hermosa aventura: nadie puede afrontar la vida aislado. Necesitamos una comunidad que nos sostenga, que nos ayude y en la que nos apoyemos mutuamente para mirar hacia adelante.

¡Qué importante es soñar juntos! Solo, uno se ve abocado a los espejismos y a ver lo que no existe. Los sueños se construyen juntos.

La amistad es un regalo

La amistad es un regalo de la vida y un don de Dios. A través de los amigos el Señor nos purifica y nos hace madurar. Al mismo tiempo, los amigos fieles, que están a nuestro lado en los momentos difíciles, son un reflejo del afecto, el consuelo y la presencia amorosa del Señor. Tener amigos nos enseña a abrirnos, a comprender, a preocuparnos por los demás, a salir de nuestra comodidad y aislamiento, a compartir la vida. Por eso, «un amigo fiel no tiene precio» (Eclesiástico 6, 15).

La amistad no es una relación fugaz y pasajera, sino estable, firme y fiel, que madura con el tiempo. Es una relación de afecto que nos hace sentir unidos y, al mismo tiempo, es un amor generoso que nos lleva a buscar el bien del otro. Aunque sean muy diferentes entre sí, los amigos siempre tienen algunas cosas en común que les hacen sentirse cercanos, una intimidad que comparten con sinceridad y confianza.

La llamada de un amigo

Para comprender la propia vocación hay que reconocer en ella la llamada de un amigo: Jesús. A los amigos, cuando se les hace un regalo, se les ofrece lo mejor. Y no es necesariamente lo más caro o difícil de conseguir, sino aquello que sabemos que les dará alegría. Un amigo tiene una percepción tan clara de esto que puede visualizar en su imaginación la sonrisa de la otra persona al abrir su regalo.

En el diálogo del Señor resucitado con su amigo Simón Pedro, la gran pregunta era: «Simón, hijo de Juan, ¿me quieres?» (Juan 21, 16). En otras palabras: ¿me quieres como amigo? Para Pedro la misión de cuidar de sus ovejas y corderos estará siempre relacionada con ese amor gratuito, ese amor de amistad.

El amigo es otro yo

En griego hay un dicho esclarecedor: *o fílos ine állos eaftós*, «el amigo es otro yo». Sí, el otro es el camino para encontrarse a uno mismo. No el espejo: el otro. Claro, es difícil salir de la zona de confort; es más fácil sentarse en el sofá frente al televisor. Pero eso es cosa de viejos, no de jóvenes. De jóvenes es reaccionar, abrirse cuando os sentís solos; buscar a los demás cuando llega la tentación de encerrarse. Os invito a entrenaros en esta *gimnasia del alma*.

Os deseo el valor de arriesgaros, de no quedaros en el sillón, el coraje de ir hacia los demás, nunca aislados, siempre con los demás. Y con este coraje cada uno de vosotros se encontrará a sí mismo, encontrará al otro y encontrará el sentido de la vida.

> «¿Y qué sería, según usted, esta vida viviente?». (Evidentemente se sentía irritado). Y Versílov responde: «Yo tampoco lo sé, príncipe; solo sé que debe de ser algo terriblemente simple, lo más ordinario que está ante los ojos de todos, todos los días y en todo momento, y hasta tal punto simple que no podemos en modo alguno creer que sea tan simple y que, por supuesto, hemos estado pasando a su lado durante muchos miles de años sin notarla ni reconocerla».
>
> FIÓDOR DOSTOYEVSKI, *El adolescente*

Una verdad incómoda

Hoy en día la palabra «amigo» está un poco gastada. Cada día entramos en contacto con diferentes personas a las que solemos llamar amigos, pero esto es solo una forma de hablar. En la comunicación virtual la palabra «amigo» es una de las más utilizadas. Sin embargo, sabemos que un conocimiento superficial no basta para activar esa experiencia de encuentro y proximidad a la que se refiere la palabra «amigo».

Cuando sucede que es Jesús quien la utiliza indica una verdad incómoda: solo hay verdadera amistad cuando el encuentro me implica en la vida del otro hasta el punto de entregarme. De hecho, Jesús dice a sus discípulos: «Ya no os llamo siervos [...], sino que os he llamado amigos, porque todo lo que he oído a mi Padre os lo he dado a conocer» (Juan 15, 15). De este modo establece una nueva relación entre el hombre y Dios, que supera la ley y se basa en un amor confiado. Al mismo tiempo Jesús libera la amistad del sentimentalismo y nos la entrega como un compromiso de responsabilidad, que implica la vida misma: «Nadie alberga amor más grande que el que da la vida por sus amigos» (Juan 15, 13).

> La verdadera naturaleza de la amistad es vivir libremente juntos por el destino. No puede haber amistad entre nosotros, no podemos llamarnos amigos, si no amamos el destino del otro por encima de todo, por encima de toda ganancia.
>
> DON GIUSSANI, *A través de la compañía de los creyentes*

Los jóvenes necesitan saber que Jesús los ama

Muchos jóvenes necesitan que alguien les diga que Jesús los conoce, que los ama, que les perdona, que comparte sus problemas, que los mira con ternura sin juzgarlos.

Os invito a estar cerca unos de otros. Insisto en ello: cercanía entre vosotros, cercanía con los miembros de vuestras familias, cercanía con los demás jóvenes.

Evitad caer en la tentación del repliegue sobre vosotros mismos, del egoísmo, de encerraros en vuestro propio mundo, en pequeños grupos, en redes sociales virtuales. Es mejor que prefiráis las amistades reales a las virtuales, que son ilusorias y os aprisionan y separan de la realidad.

Lo que hace un amigo

Es bueno que pensemos en lo que hace un amigo: me acompaña discreta y tiernamente en mi camino; me escucha en profundidad y sabe ir más allá de las palabras; es misericordioso con las faltas, está libre de prejuicios; sabe compartir mi camino, haciéndome sentir la alegría de no estar solo; no siempre está de acuerdo conmigo, pero, precisamente porque quiere mi bien, me dice con sinceridad aquello con lo que no está de acuerdo; está dispuesto a ayudarme a levantarme cada vez que caigo.

Escuchemos a nuestro corazón

Escuchémoslo en silencio, busquemos espacios para estar en contacto con nuestro interior, para sentir el don que somos, para acoger nuestra existencia y no dejar que se nos escape de las manos. No seamos *turistas de la vida*, que solo la miran desde fuera, superficialmente. Y en silencio, siguiendo el ritmo del corazón, hablemos a Dios, contémosle sobre nosotros y también sobre aquellos con quienes nos encontramos cada día y que él nos da como compañeros de viaje. Llevémosle los rostros, las situaciones felices y dolorosas, porque no hay plegaria sin relaciones, como no hay alegría sin amor.

Ver la realidad a través de los ojos del otro

La experiencia del amor nos dice que es precisamente en el amor donde es posible tener una visión común, que en él aprendemos a ver la realidad a través de los ojos del otro y que esto no empobrece, sino que enriquece nuestra mirada.

El verdadero amor, a la medida del amor divino, exige la verdad y en la mirada común de la verdad, que es Jesucristo, se hace firme y profundo.

> Y el Enano, al oír los nombres pronunciados en la antigua lengua, levantó los ojos y se encontró con los de ella; y le pareció como si de pronto hubiera penetrado en el corazón de un enemigo y encontrado allí amor y comprensión.
>
> J. R. R. Tolkien, *El señor de los anillos*, II, VII

Ir más allá

El amor nos pide ir más allá, no aferrarnos a los *porqués* de la vida esperando que del cielo llegue una respuesta. La respuesta ha llegado: es la mirada del Padre que nos ama y nos ha enviado al Hijo.

No, el amor empuja del *porqué* al *para quién*, del por qué vivo al para quién vivo, del por qué me pasa esto al para quién puedo hacer el bien. ¿Para quién? No solo para mí: la vida ya está llena de elecciones que hacemos para nosotros mismos, para tener un título, amigos, una casa, para satisfacer nuestros intereses, nuestras aficiones. Pero corremos el riesgo de pasarnos años pensando en nosotros mismos sin empezar a amar.

> Señor, cuando tenga hambre, envíame a alguien que me alimente. Cuando tenga sed, envíame a alguien que la calme. Cuando tenga frío, envíame a alguien que me abrigue. Cuando esté triste, envíame a alguien que me consuele. Cuando sea pobre, envíame al más pobre de los pobres. Cuando me sienta humillada, envíame a alguien a quien alabar. Cuando esté desanimada, envíame a alguien a quien animar. Cuando me sienta incomprendida, envíame a alguien a quien abrazar. Cuando me hayan ofendido, envíame a alguien a quien perdonar. Cuando no me sienta querida, envíame a alguien a quien amar.
>
> MADRE TERESA DE CALCUTA

No hay vidas sobrantes

En Cristo el otro es acogido y amado como un hijo o una hija de Dios, como un hermano o una hermana, no como un extraño, ni mucho menos como un contrario o, peor aún, un enemigo. En la familia de Dios, donde todos son hijos de un mismo Padre, al estar injertados *en* Cristo, *hijos en el Hijo*, no hay *vidas sobrantes*. Todos gozan de igual e intangible dignidad. Todos son amados por Dios, todos han sido redimidos por la sangre de Cristo, que murió en la cruz y resucitó por todos. Esta es la razón por la que no podemos permanecer indiferentes ante la suerte de nuestros hermanos y hermanas.

> Mientras cada hombre no se convierta en un verdadero hermano de su prójimo, la fraternidad no comenzará. Ninguna ciencia ni ningún interés común inducirán a los hombres a compartir los bienes y los derechos por igual. Todo será siempre demasiado poco para todos y todos se quejarán, envidiarán y se matarán entre sí.
>
> Fiódor Dostoyevski, *Los hermanos Karamázov*

Una escuela de humanidad

Se trata de vivir en una comunidad cristiana que se convierte así en escuela de humanidad, donde se aprende a amarse como hermanos y hermanas, dispuestos a trabajar juntos por el bien común. En efecto, en el corazón del anuncio del Evangelio está el amor de Dios, que transforma y hace posible la comunión con todos y el servicio a todos. La Iglesia está llamada a encarnar este amor sin límites, a construir el sueño que Dios tiene para la humanidad: ser hermanos de todos.

Este es el camino: promover relaciones fraternas con todos, con los hermanos y hermanas, con cada hermana y hermano que encontramos, porque en el rostro de cada uno se refleja la presencia de Dios.

La verdadera riqueza son las personas

El Padre del Cielo quiere que sepamos acogernos como hermanos y hermanas de una misma familia y trabajar por un futuro que sea con los demás, no contra los demás.

Bintu bantu: así nos recuerda muy eficazmente un proverbio del Congo que la verdadera riqueza son las personas y las buenas relaciones con ellas. De manera especial las religiones, con su patrimonio de sabiduría, están llamadas a contribuir a ello, en el esfuerzo cotidiano por renunciar a toda agresividad, proselitismo y coacción, que son medios indignos de la libertad humana.

Como las teselas de un mosaico

Como cristianos, no solo estamos *llamados*, es decir, cada uno de nosotros está llamado personalmente por una vocación, sino que también somos *convocados*. Somos como las teselas de un mosaico, bellas una por una, pero que solo juntas componen un cuadro. Brillamos, todos y cada uno de nosotros, como una estrella en el corazón de Dios y en el firmamento del universo, pero estamos llamados a componer constelaciones que orienten e iluminen el camino de la humanidad, a partir del ambiente en el que vivimos. Este es el misterio de la Iglesia: en la convivencia de los diferentes yace el signo e instrumento de aquello a lo que toda la humanidad está llamada.

> El amor que Dios nos concede se desborda en amor... Es un amor que impulsa al buen samaritano a detenerse y cuidar al caminante atacado por ladrones. Es un amor que no tiene fronteras, que busca el reino de Dios... y ese reino es universal.
>
> BERNARD LONERGAN, *El futuro del cristianismo*

Sembrad fraternidad

Y esta es la invitación que me gustaría dirigiros: *sembrad fraternidad*. Este es el reto de hoy para ganar mañana, el reto de nuestras sociedades cada vez más globalizadas y multiculturales.

A los jóvenes, que son más directos y más capaces de establecer contactos y amistades, superando prejuicios y cercos ideológicos, me gustaría decirles: ¡sed sembradores de fraternidad y seréis *recolectores de futuro*, porque el mundo solo tendrá futuro en fraternidad!

Es una invitación que encuentro en el corazón de mi fe. «Porque —dice la Biblia— el que no ama a su hermano, a quien ve, no puede amar a Dios, a quien no ve. Y este es el mandamiento que tenemos de él: el que ama a Dios, que ame también a su hermano» (1 Juan 4, 20-21). Sí, Jesús pide que nunca separemos el amor a Dios del amor al prójimo, haciéndonos prójimos de todos (cfr. Lucas 10, 29-37). De todos, no solo de los que nos caen bien.

Vivir como hermanos y hermanas es la vocación universal confiada a toda criatura.

Estoy ahí

«Yo estoy ahí», le dijo Jesús hace siglos a un joven soldado. Un día, el joven, de apenas dieciocho años, vio a un pobre que pedía ayuda a la gente, pero todos pasaban de largo. Y aquel joven, al ver que los demás no se dejaban llevar por la compasión, comprendió que aquel pobre hombre le había sido reservado. Pero no llevaba nada consigo, solo el uniforme que vestía. Así que cortó su capa y le dio la mitad al pobre hombre, atrayendo las risas burlonas de la gente. La noche siguiente tuvo un sueño: vio a Jesús, vestido con la parte de su capa con la que había envuelto al pobre hombre. Y le oyó decir: «Martín me ha cubierto con este manto».

Una historia que se repite

La parábola del buen samaritano contiene toda la dinámica de la lucha interior que tiene lugar en la elaboración de nuestra identidad, en cada existencia proyectada en el camino hacia la realización de la fraternidad humana. Una vez en el camino nos encontramos invariablemente con el hombre herido. Hoy, y cada vez más, hay heridos. La inclusión o exclusión de los que sufren en el camino define todos los proyectos económicos, políticos, sociales y religiosos. Cada día nos enfrentamos a la disyuntiva de ser buenos samaritanos o caminantes indiferentes que pasan de largo. Y si extendemos la mirada a la totalidad de nuestra historia y del mundo en su conjunto todos somos o hemos sido como estos personajes: todos tenemos algo del herido, algo de los bandidos, algo de los que pasan de largo y algo del buen samaritano.

Empezad desde abajo

Es posible empezar desde abajo y caso por caso, luchar por lo más concreto y local hasta el último rincón de la patria y del mundo, con el mismo cuidado que el caminante de Samaria tenía por cada herido.

Busquemos a los demás y asumamos la realidad que nos toca, sin miedo al dolor ni a la impotencia, porque ahí reside todo el bien que Dios ha sembrado en el corazón humano. Las dificultades que parecen enormes son la oportunidad para crecer y no la excusa para una tristeza inerte que fomenta la sumisión. Pero no lo hagamos solos. El samaritano buscó a un anfitrión que atendiera al hombre, como nosotros estamos llamados a invitar y a encontrarnos en un *nosotros* que es más fuerte que la suma de pequeñas individualidades; recordemos que el todo es más que las partes y también más que su mera suma.

Renunciemos a la mezquindad y al resentimiento del particularismo estéril, de los enfrentamientos interminables. Dejemos de ocultar el dolor de las pérdidas y asumamos la responsabilidad de nuestros crímenes, nuestra desidia y nuestras mentiras. La reconciliación restauradora nos resucitará y expulsará el miedo: el nuestro y el de los demás.

Si quieres llegar lejos

El amor fraterno multiplica nuestra capacidad de alegrarnos, porque nos permite alegrarnos del bien ajeno: «Alegraos con los que están alegres» (Romanos 12, 15).

Que la espontaneidad y el impulso de la juventud se transformen cada vez más en la espontaneidad del amor fraterno, en la frescura que nos hace reaccionar con el perdón, con generosidad, con el deseo de hacer comunidad. Un proverbio africano dice: «Si quieres ir rápido, camina solo. Si quieres llegar lejos, camina con los demás». Que no nos roben la fraternidad.

Mira, soy tu hermano

Es posible llegar a ser, con la gracia de Dios, un laboratorio de fraternidad bajo dos condiciones. La primera es el reconocimiento efectivo de la dignidad de toda persona humana. La segunda condición es la apertura confiada a Dios Padre de todos; y esta es la *levadura* que estamos llamados a aportar como creyentes.

En estas condiciones es posible que el *sueño* se traduzca en un *viaje* cotidiano de pasos concretos, del conflicto a la comunión, del *odio* al *amor*, de la huida al encuentro.

Un viaje paciente que, día tras día, nos conduce a la tierra que Dios nos ha preparado, la tierra donde, si te preguntan «¿Quién eres?», puedes responder abiertamente: «Mira, soy tu hermano: ¿no me conoces?». Y seguir andando así, lentamente.

¿De qué regimiento sois,
hermanos?
Palabra temblorosa
en la noche.
Hoja recién nacida.
En el aire galante
involuntaria revuelta
del hombre actual ante su
fragilidad.
Hermanos.

GIUSEPPE UNGARETTI, *Hermanos*

Hermanos de todos

No estamos solos. Dios se ha hecho cercano a nosotros. No con palabras, sino con su presencia: en Jesús, Dios se ha encarnado. Y con Jesús, que se hizo hermano nuestro, reconocemos en cada hombre a un hermano, en cada mujer a una hermana.

Como cristianos estamos llamados a un amor sin fronteras y sin límites, signo y testimonio de que podemos ir más allá de los muros del egoísmo y de los intereses personales y nacionales; más allá del poder del dinero, que a menudo decide las causas de los pueblos; más allá de las vallas de las ideologías, que dividen y amplifican el odio; más allá de todas las barreras históricas y culturales y, sobre todo, más allá de la indiferencia que, por desgracia, es cotidiana.

Todos podemos ser hermanos y, por tanto, podemos y debemos pensar y actuar como hermanos *de* todos. Esto puede sonar a utopía inalcanzable. En cambio, preferimos creer que es un sueño posible, porque es el sueño del mismo Dios, uno y trino. Con su ayuda es un sueño que también puede empezar a realizarse en este mundo.

Deja un asiento vacío

Amados por él, decidámonos a amar a los niños más rechazados. El Señor está ahí. Hay una antigua tradición que algunas personas todavía conservan, sobre todo, en los pueblos pequeños: en la cena de Navidad dejas un asiento vacío para el Señor, que seguramente llamará a la puerta en la persona de un pobre necesitado. Y tu corazón, ¿tiene siempre un lugar libre para estas personas? ¿Tiene mi corazón un lugar libre para estas personas? ¿O estamos tan ocupados con los amigos, los acontecimientos sociales, las obligaciones, que nunca hay lugar para ellos?

Ocupémonos de los pobres, en quienes está Cristo, que se hizo pobre por nosotros (cfr. 2 Corintios 8, 9). Sintámonos interpelados para que no se pierda ni un ápice de su ser.

> He pasado todos los días de mi vida con vos. Decidme que lo sabéis. [...] Decidme que también sabéis que seguiré con vos cada día que me toque vivir. Cada hora me sentaré a comer con vos: no con mi cuerpo, que no importa, sino con mi espíritu. Porque esta noche he aprendido, querida, que en este hermoso mundo nuestro todo es posible.
>
> GABRIEL AXEL, *El festín de Babette*, 1987

Abramos los ojos

Abramos los ojos para mirar las miserias del mundo, las heridas de tantos hermanos y hermanas privados de dignidad y sintámonos movidos a escuchar su grito de auxilio. Que nuestras manos estrechen las suyas y las atraigan hacia nosotros para que sientan el calor de nuestra presencia, amistad y fraternidad. Que su grito se convierta en el nuestro y, juntos, podamos romper la barrera de la indiferencia que a menudo reina para ocultar la hipocresía y el egoísmo.

Que nadie sea un extraño

Hay periferias que están cerca de nosotros, en el centro de una ciudad, o en nuestra familia. Hay un aspecto de la apertura universal del amor que no es geográfico, sino existencial. Es la capacidad cotidiana de ampliar mi círculo, de llegar a quienes espontáneamente siento que no forman parte de mi mundo de intereses, aunque estén cerca de mí.

Por otra parte, cada hermano o hermana que sufre, maltratado o ignorado por mi sociedad, es un extraño existencial, aunque haya nacido en el mismo país. Puede que sea un ciudadano con todos los papeles en regla, pero le hacen sentirse extranjero en su propia tierra.

El racismo es un virus que muta con facilidad y en lugar de desaparecer se esconde, pero siempre está al acecho.

No nos quedemos mirando

Frente a Jesús en la cruz están los que actúan como *espectadores* y los que *se dejan implicar*. Uno de los que se deja implicar es el buen ladrón. Los demás se ríen del Señor, él les habla y le llama por su nombre: Jesús; muchos le lanzan su ira, él confiesa sus errores a Cristo; muchos le dicen «sálvate», él ruega: «Jesús, acuérdate de mí» (Lucas 23, 42). El que llama a Dios por su nombre, como este buen ladrón, aprende *la intercesión*, aprende a llevar a Dios lo que ve, los sufrimientos del mundo, las personas que encuentra; a decirles, como el buen ladrón: «¡Acuérdate, Señor!» No estamos en el mundo solo para salvarnos a nosotros mismos, no, sino para llevar a nuestros hermanos y hermanas al abrazo del Rey.

Nuestro Rey desde la cruz nos mira con los brazos abiertos. A nosotros nos toca elegir entre ser *espectadores o implicarnos*. ¿Nos limitamos a teorizar, a criticar, o nos arremangamos, tomamos la vida en nuestras manos, pasamos del «si» de la disculpa al «sí» de la plegaria y del servicio? ¿Nos manchamos las manos como nuestro Dios clavado en el madero o nos quedamos mirando con las manos en los bolsillos?

¡Sálvate a ti mismo!

Dos mentalidades se enfrentan en el calvario. En el Evangelio, las palabras de Jesús crucificado se contraponen a las de sus crucificadores. Estos últimos repiten un estribillo: «Sálvate a ti mismo». Lo dicen los jefes: «*Que se salve a sí mismo*, si es el Cristo de Dios, el elegido» (Lucas 23, 35). Lo repiten los soldados: «Si eres el rey de los judíos, *sálvate a ti mismo*» (v. 37). Y, finalmente, incluso uno de los malhechores, que ha estado escuchando, repite el concepto: «¿No eres tú el Cristo? *Sálvate a ti mismo*» (v. 39). Sálvate a ti mismo, cuídate a ti mismo, piensa en ti, no en los demás, sino solo en la propia salud, en el propio éxito, en los propios intereses, en el tener, en el poder, en la apariencia. *Sálvate a ti mismo*: ese es el estribillo de la humanidad que crucificó al Señor. Pensemos en ello.

Rompamos la cadena del «te quiero si tú me quieres»

Mientras es crucificado, en el momento más terrible, Jesús vive su mandamiento más difícil: el amor a los enemigos.

Pensamos en alguien que nos ha hecho daño, nos ha ofendido, nos ha defraudado; en alguien que nos ha enfadado, nos ha malinterpretado o no nos ha dado buen ejemplo. ¡Cuánto tiempo nos detenemos a recordar a quienes nos han hecho daño! Así es como miramos en nuestro interior y nos lamemos las heridas que otros, la vida o la historia, nos han infligido. Jesús nos enseña a no quedarnos ahí, sino a reaccionar. A romper el círculo vicioso del mal y del arrepentimiento. A reaccionar a los clavos de la vida con el amor, a los golpes del odio con la caricia del perdón. El Señor nos pide que respondamos no según nos ocurren las cosas o como hace todo el mundo, sino como él lo hace con nosotros. Nos pide que rompamos la cadena del «te quiero si tú me quieres; soy tu amigo si tú eres mi amigo; te ayudo si tú me ayudas». Que tengamos compasión y misericordia de todos, porque Dios ve en cada uno a un hijo. Para él todos somos hijos amados, a los que quiere abrazar y perdonar.

Y así es también en aquella invitación al banquete de bodas del hijo; el señor de la casa envía a sus criados al cruce de caminos y les dice: «Traed a todos, blancos, negros, buenos y malos, a todos, sanos, enfermos, a todos…» (Mateo 22, 9-10).

El que ama busca al extraviado

Los protagonistas de las tres parábolas de la misericordia (cfr. Lucas 15, 4-32) son un pastor que busca la oveja, una mujer que encuentra la moneda perdida y el padre del hijo pródigo.

Los tres, al fin y al cabo, tienen una cosa en común, que podríamos definir así: *la inquietud por la carencia*. Los tres, si hicieran un poco de cálculo, podrían estar tranquilos: al pastor le falta una oveja, pero tiene otras noventa y nueve; a la mujer le falta una moneda, pero tiene otras nueve; y el Padre tiene también otro hijo, obediente, al que dedicarse: ¿para qué pensar en el que ha elegido llevar una vida licenciosa? En cambio, en sus corazones hay ansiedad por lo que falta: la oveja, la moneda, el hijo que se ha marchado.

El que ama cuida al que falta, anhela al ausente, busca al extraviado, espera al descarriado. Porque *no* quiere *que nadie se pierda*.

¿Quién ha dicho, amigo y hermano,
que debes morir en mil tormentos?
¿Sabes que el tormento es una voz?
¿Sabes que el dolor canta?
Me incliné sobre ti,
lavé tus llagas
y descubrí la música,
la música del dolor.
E incluso te lo dije,
y tú me miraste
como se mira a un loco.
No creías que tú,
escondido en la inmundicia,
pudieras estremecerme de amor.

Alda Merini, *Francesco. Canto di una creatura*

¿Qué hacéis de extraordinario?

Jesús nos invita a poner la otra mejilla y a amar incluso a nuestros enemigos (cfr. Mateo 5, 38-48). Es normal que amemos a los que nos aman y seamos amigos de los que son amigos nuestros. Sin embargo, Jesús nos provoca diciéndonos: «si actuáis así, ¿qué hacéis de extraordinario?» (47).

Extraordinario es lo que va más allá de los límites de lo cotidiano, lo que sobrepasa las prácticas habituales y los cálculos normales dictados por la prudencia. En general, intentamos tenerlo todo bajo control, de modo que se corresponda con nuestras expectativas, a nuestra medida: temiendo no recibir reciprocidad o exponernos demasiado y luego decepcionarnos, preferimos amar solo a quienes nos aman para evitar decepciones, hacer el bien solo a quienes son buenos con nosotros, ser generosos solo con quienes pueden devolvernos un favor; y a quienes nos tratan mal les pagamos con la misma moneda.

> Pero... cuánto amor, Señor Dios, cuánto amor experimenté entonces en mis sueños, en esas «escapadas a todo lo bello y sublime», aunque fuera un amor fantástico, aunque nunca se aplicara a nada humano... había tanto de ese amor que en la realidad apenas se sentía la necesidad de aplicarlo realmente: habría sido un lujo superfluo. Todo, en cambio, acababa siempre en una transición perezosa y embriagadora hacia el arte o, mejor dicho, hacia las bellas formas de la vida cotidiana, completamente listas, arrebatadas a la fuerza a los poetas y novelistas y adaptadas a todos los servicios y necesidades posibles.
>
> FIÓDOR DOSTOYEVSKI, *Memorias del subsuelo*

El desequilibrio del amor

Las palabras de Jesús, pues, nos interpelan. Mientras intentamos mantenernos en lo ordinario del razonamiento utilitario, él nos pide que nos abramos a lo extraordinario: a lo extraordinario de un amor gratuito; mientras nosotros intentamos siempre desquitarnos, Cristo nos anima a vivir el *desequilibrio del amor*. Si Dios no se hubiera desequilibrado nunca nos habríamos salvado: ¡fue el *desequilibrio de la cruz* lo que nos salvó! Jesús no habría venido a buscarnos cuando estábamos perdidos y lejos, no nos habría amado hasta el extremo, no habría abrazado la cruz por nosotros, que no lo merecíamos y no podíamos darle nada a cambio.

Como escribe el apóstol Pablo: «Casi nadie está dispuesto a morir por un justo; tal vez alguien se atrevería a morir por una persona buena. Pero Dios demuestra su amor por nosotros en que, siendo aún pecadores, Cristo murió por nosotros» (Romanos 5, 7-8). Así es: Dios nos ama mientras somos pecadores, no porque seamos buenos o capaces de devolverle algo. El amor de Dios es un amor siempre en exceso, siempre más allá de todo cálculo, siempre desproporcionado. Y también nos pide que vivamos así, porque solo así seremos verdaderamente testigos suyos.

> Fíjate en los girasoles: se inclinan hacia el sol, pero si ves uno que se inclina demasiado significa que está muerto.
>
> Estás sirviendo, pero no eres un sirviente. Servir es el arte supremo. Dios es el primer siervo; sirve a los hombres, pero no es siervo de los hombres.
>
> ROBERTO BENIGNI, *La vida es bella*, 1997

Salir de nosotros mismos

Cuidar significa desarrollar una actitud interior de empatía, una mirada atenta que nos saque de nosotros mismos, una presencia amable que supere la diferencia y nos impulse a interesarnos por los demás. Este es el punto de inflexión, el comienzo de la novedad, el antídoto contra un mundo cerrado que, impregnado de individualismo, devora a sus hijos; contra un mundo preso de la tristeza, que genera indiferencia y soledad. Porque si no aprendemos a ocuparnos de lo que nos rodea —de los demás, de la ciudad, de la sociedad, de la creación—, acabamos pasando por la vida como personas que corren de un lado para otro, se ocupan, hacen muchas cosas, pero, al final, se quedan tristes y solas porque nunca han saboreado plenamente la alegría de la amistad y de la gratuidad, y no han dado al mundo ese toque único de belleza que solo él, o ella, y nadie más podía dar.

V

Custodia la belleza

El mundo canta al amor infinito

Jesús podía invitar a los demás a estar atentos a la belleza del mundo, porque él mismo estaba en contacto permanente con la naturaleza y le prestaba atención con afecto y asombro. Cuando recorría cada rincón de su tierra, se detenía a contemplar la belleza sembrada por su Padre, e invitaba a los discípulos a ver en las cosas un mensaje divino.

Al mismo tiempo, las criaturas de este mundo ya no se nos presentan como una realidad meramente natural, porque el Resucitado las envuelve misteriosamente y las orienta hacia un destino de plenitud. Las mismas flores del campo y los pájaros que él contempló admirado con sus ojos humanos están ahora llenos de su presencia luminosa. Si el universo se despliega en Dios, que lo llena todo, entonces hay un misterio que contemplar en una hoja, en un camino, en el rocío, en el rostro de un pobre. El mundo canta al amor infinito, ¿cómo no cuidar de él?

Era algo muy bueno

El libro del Génesis nos dice que «Dios vio lo que había hecho y vio Dios que era algo muy bueno» (Génesis 1, 31) y confió a los seres humanos la responsabilidad de ser administradores de su don de la creación (cfr. 2, 15). En el Evangelio de Mateo, Jesús reafirma la bondad del mundo natural recordando la preocupación de Dios por todas sus criaturas (cfr. Mateo 6, 26.28-29). A la luz de estas enseñanzas biológicas, el cuidado de nuestra casa común, incluso al margen de consideraciones sobre los efectos del cambio climático, no es simplemente un compromiso utilitario, sino una obligación moral para todos los hombres y mujeres como hijos de Dios. Teniendo esto en cuenta, cada uno de nosotros debe preguntarse: ¿qué tipo de mundo queremos para nosotros y para los que vendrán después?

Un regalo en común

La familia humana ha recibido un regalo en común del Creador: la naturaleza.

La visión cristiana de la creación implica un juicio positivo sobre la permisibilidad de intervenir en la naturaleza en su beneficio, siempre que se actúe con responsabilidad, es decir, reconociendo la *gramática* inscrita en ella y utilizando los recursos sabiamente en beneficio de todos, respetando la belleza, la finalidad y utilidad de cada ser vivo y su función en el ecosistema.

En resumen, la naturaleza está a nuestra disposición y estamos llamados a administrarla con responsabilidad. En cambio, a menudo nos dejamos llevar por la codicia, por el afán de dominar, de poseer, de manipular, de explotar; no apreciamos la naturaleza, no la respetamos, no la vemos como un don gratuito que hay que cuidar y poner al servicio de nuestros hermanos y hermanas, incluidas las generaciones futuras.

Estamos hechos de materia terrenal

Estamos hechos de *materia terrenal* y los frutos de la tierra sustentan nuestra vida. Pero, como nos recuerda el libro del Génesis, no somos solo *terrenales*: también llevamos dentro el *aliento de vida* que viene de Dios (cfr. Génesis 2, 4-7).

Por tanto, vivimos en la casa común como un solo ser humano y en biodiversidad con las demás criaturas de Dios. Como *imago Dei*, imagen de Dios, estamos llamados a tener cuidado y respeto por todas las criaturas y a cultivar el amor y la compasión por nuestros hermanos y hermanas, especialmente los más débiles, a imitación del amor de Dios por nosotros, manifestado en su Hijo Jesús, que se hizo hombre para compartir nuestro camino y salvarnos.

Lo bello y lo bueno son inseparables

San Buenaventura de Bagnoregio nos invita a descubrir lo trascendente también a través de la contemplación de la belleza de la naturaleza. Es un viaje formativo para la mente y el alma.

Cuando observamos maravillados el cielo y las estrellas o las aguas cristalinas de un arroyo, contemplamos por analogía al autor de la belleza (cfr. Sabiduría de Salomón 13, 3). Ha sido concedida como un don al género humano, que está llamado a cultivarla y conservarla (cfr. Génesis 2, 15). En las Sagradas Escrituras, lo bello y lo bueno son inseparables.

Escucha la voz de la creación

El dulce canto de la creación nos invita a practicar una espiritualidad ecológica, atenta a la presencia de Dios en el mundo natural.

Es una invitación a basar nuestra espiritualidad en la amorosa conciencia de que no estamos separados de las demás criaturas, sino que formamos con los demás seres del universo una maravillosa comunión universal. Para los discípulos de Cristo, en particular, esta experiencia luminosa refuerza la conciencia de que «todo fue hecho por mediación de él y sin él nada de lo que existe fue hecho» (Juan 1, 3).

Volvamos a rezar en la gran catedral de la creación, disfrutando del gran coro cósmico de innumerables criaturas que cantan alabanzas a Dios. Unámonos a san Francisco de Asís cantando: «Alabado seas, Señor mío, con todas tus criaturas». Unámonos al salmista cantando: «¡Que todo ser vivo alabe al Señor!» (Salmos 150, 6).

La Tierra nos precede

No somos Dios. La Tierra nos precede y nos ha sido dada. En última instancia, «del Señor es la Tierra» (Salmos 24, 1), a Él pertenece «la Tierra y todo lo que contiene» (Deuteronomio 10, 14). Por eso, Dios niega cualquier pretensión de propiedad absoluta: «La Tierra no se puede vender para siempre, porque mía es la Tierra, y vosotros estáis conmigo como forasteros y huéspedes» (*Levítico* 25, 23).

Todo está conectado

Todo está conectado, todo en el mundo está íntimamente conectado. No solo la ciencia, sino también nuestras creencias y tradiciones espirituales ponen de relieve esta conexión entre todos nosotros y el resto de la creación. Reconocemos los *signos de la armonía divina presentes en el mundo natural*: ninguna criatura se basta a sí misma; cada una existe solo en dependencia de las demás, para completarse, para servirse mutuamente. Casi podríamos decir que una es dada por el Creador a las otras, para que en una relación de amor y respeto puedan crecer y realizarse plenamente. Las plantas, las aguas, los seres animados se guían por una ley impresa en ellos por Dios para el bien de toda la creación.

Nuestra madre Tierra

«Alabado seas, Señor mío», cantaba san Francisco de Asís, recordándonos que nuestra casa común es como una hermana con la que compartimos la existencia y como una hermosa madre que nos acoge en sus brazos: «Alabado seas, Señor mío», por nuestra hermana y madre Tierra, que nos sustenta y gobierna, y produce diversos frutos con coloridas flores y hierbas».

Alabado seas, mi Señor,
en todas tus criaturas,
especialmente en el Señor hermano sol,
por quien nos das el día y nos iluminas.
Y es bello y radiante con gran esplendor,
de ti, Altísimo, lleva significación.
Alabado seas, mi Señor,
por la hermana luna y las estrellas,
en el cielo las formaste claras y preciosas y bellas.
Alabado seas, mi Señor, por el hermano viento
y por el aire y la nube y el cielo sereno y todo tiempo,
por todos ellos a tus criaturas das sustento.
Alabado seas, mi Señor, por el hermano fuego,
por el cual iluminas la noche,
y es bello y alegre y vigoroso y fuerte.
Alabado seas, mi Señor,
por la hermana nuestra madre tierra,
la cual nos sostiene y gobierna
y produce diversos frutos con coloridas flores y hierbas.

SAN FRANCISCO DE ASÍS, *Cántico de las criaturas*

Una belleza irrepetible

Del mismo modo que Dios ha puesto su creación a disposición de los hombres, estos encuentran su plena realización superando el egoísmo y disfrutando de una *belleza compartida*. Este vínculo dinámico entre el Creador, el ser humano y las demás criaturas es una *alianza* que no puede romperse sin un daño irreparable. No debemos engañarnos pensando que podemos sustituir una belleza irrepetible e irrecuperable por otra creada por nosotros.

El mito de Prometeo, quizá adecuado para otras épocas, ya no lo es para la nuestra. No es heroísmo titánico lo que necesitamos, sino una mansa y paciente fraternidad entre nosotros y con la creación. La vida y la historia demuestran, de hecho, que no podemos ser nosotros mismos sin lo demás y sin los demás, en un mundo en el que todo está íntimamente relacionado.

Aprendamos de la mansedumbre de las plantas

Las plantas saben *cooperar* con todo el entorno que las rodea e incluso cuando compiten en realidad están cooperando por el bien del ecosistema. Aprendamos de la *mansedumbre* de las plantas: su humildad y su silencio pueden ofrecernos un estilo diferente que necesitamos urgentemente. Porque, si hablamos de transición ecológica, pero nos quedamos en el paradigma económico del siglo XX, expoliador de los recursos naturales y de la Tierra, las maniobras que adoptemos serán siempre insuficientes o estarán enfermas de raíz.

La Biblia está llena de árboles y plantas, desde el árbol de la vida hasta el grano de mostaza. Y san Francisco nos ayuda enseñándonos la fraternidad cósmica con todos los seres vivos.

Por orden suya fueron creados

Esta responsabilidad ante una tierra que es de Dios implica que los seres humanos, dotados de inteligencia, respeten las leyes de la naturaleza y el delicado equilibrio entre los seres de este mundo, porque «por orden suya fueron creados. Él los ha hecho estables por los siglos de los siglos; ha establecido un decreto que no pasará» (Salmos 148, 5b-6).

Es así como la narración bíblica propone normas diferentes a los seres humanos, no solo en relación con otros seres humanos, sino también en relación con otros seres vivos: «Si ves el asno de tu hermano o su buey tirados junto al camino, no fingirás no haberlos visto [...]. Cuando, al caminar, encuentres en la copa de un árbol o en el suelo un nido de pájaros con aves o huevos, y a la madre empollando las aves o los huevos, no te llevarás a la madre que está con sus hijos» (Deuteronomio 22, 4.6). En esta línea, el descanso del séptimo día no solo se propone para el ser humano, sino también «para que tu buey y tu asno gocen de paz» (*Éxodo* 23, 12).

Un libro espléndido

San Francisco, fiel a la Escritura, propone que reconozcamos la naturaleza como un libro espléndido en el que Dios nos habla y nos transmite algo de su belleza y bondad: «Porque de la grandeza y hermosura de las criaturas por analogía contemplamos a su autor» (Sabiduría de Salomón 13, 5) y «su eterno poder y divinidad son contemplados y comprendidos por la creación del mundo a través de sus obras» (Romanos 1, 20). Por eso pidió que en el convento se dejara siempre una parte del jardín sin cultivar, para que crecieran allí hierbas silvestres, de modo que quienes las admiraran pudieran elevar su pensamiento a Dios, autor de tanta belleza.

El mundo es más que un problema que hay que resolver, es un misterio gozoso que contemplamos con alegría y alabanza.

Una conversión ecológica

La conversión ecológica tiene tres elementos espirituales importantes. El primero implica *gratitud* por el don amoroso y generoso de Dios a la creación. El segundo requiere *el reconocimiento* del hecho de que estamos unidos en una comunión universal entre nosotros y con el resto de las criaturas del mundo. El tercero exige que abordemos los problemas medioambientales no como individuos aislados, sino *solidariamente* como comunidad.

Cambio de marcha

La conversión ecológica se produce cuando la gente reconoce las raíces humanas de la actual crisis medioambiental; cuando el verdadero arrepentimiento lleva a frenar o detener tendencias, ideologías y prácticas dañinas e irrespetuosas con la creación; y cuando la gente se compromete a promover modelos de desarrollo que curen las heridas infligidas por la codicia, el afán de lucro desmedido y por la falta de solidaridad con el prójimo y de respeto al medioambiente. La conversión ecológica pretende transformar en sufrimiento personal lo que ocurre en el mundo y reconocer así la contribución que cada uno puede aportar. Nos llama a cambiar de marcha, a modificar los malos hábitos para poder soñar, crear y actuar juntos en la realización de un futuro justo y equitativo.

> Es porque recuerdo nuestro origen común por lo que me acerco a los hombres que son mis hermanos. Porque me resisto a olvidar que su futuro es tan importante como el mío.
>
> ELIE WIESEL, *Desde el reino de la memoria*

Administradores de la creación

Estamos llamados a cuidar la creación no solo como ciudadanos responsables, sino también como seguidores de Cristo. El respeto por el medioambiente exige ver, con los ojos de la fe, la belleza del plan de salvación de Dios, la conexión entre el entorno natural y la dignidad de la persona humana. El hombre y la mujer fueron creados a imagen y semejanza de Dios y a ellos les fue dado el dominio sobre la creación (cfr. Génesis 1, 26-28).

Como administradores de la creación, estamos llamados a hacer de la Tierra un hermoso jardín para la familia humana. Cuando destruimos nuestros bosques, arrasamos el suelo y contaminamos los mares, traicionamos esa noble vocación.

Una armonía rota

Los relatos de la creación del libro del Génesis contienen, en su lenguaje simbólico y narrativo, profundas enseñanzas sobre la existencia humana y su realidad histórica. Estos relatos sugieren que la existencia humana se basa en tres relaciones fundamentales estrechamente relacionadas: la relación con Dios, la relación con el prójimo y la relación con la Tierra.

Según la Biblia, estas tres relaciones vitales están rotas, no solo fuera, sino también dentro de nosotros. Esta ruptura es el pecado. La armonía entre el Creador, la humanidad y toda la creación se ha destruido porque hemos pretendido ocupar el lugar de Dios, negándonos a reconocernos como criaturas limitadas. Esto también ha distorsionado la naturaleza del mandato de someter la Tierra (cfr. Génesis 1, 28) y de cultivarla y custodiarla (cfr. Génesis 2, 15). Como resultado, la relación originalmente armoniosa entre los seres humanos y la naturaleza se ha convertido en un conflicto (cfr. Génesis 3, 17-19).

La esperanza es posible

La esperanza es posible. En un mundo desgarrado por las luchas y la discordia, esto podría parecer utópico; sin embargo, las mayores hazañas comienzan a escondidas, a una escala casi imperceptible. Nace el gran árbol de la pequeña semilla, oculta en la tierra. Y si «la fragancia de las flores solo se esparce en la dirección del viento, la fragancia de quienes viven según la virtud se esparce en todas direcciones» (*El Dhammapada*, n.º 54).

Hagamos que florezca esa certeza de que nuestros esfuerzos comunes por dialogar y construir un mundo mejor no son en vano. Cultivemos la esperanza. Como dijo el filósofo Kierkegaard: «Cada uno era grande según lo que esperaba. Uno era grande por esperar lo posible; otro, por esperar lo eterno; pero el que esperaba lo imposible era el más grande de todos».

Que las oraciones que elevamos al cielo y la fraternidad que vivimos en la Tierra alimenten la esperanza; que sean el testimonio sencillo y creíble de nuestra religiosidad, del caminar juntos con la mirada hacia lo alto, del habitar el mundo en armonía —no olvidemos la palabra «armonía»— como peregrinos llamados a preservar la atmósfera del hogar, para todos.

No tengas miedo de soñar

Y, sobre todo, ¡sueña! No tengas miedo de soñar. ¡Sueña! Sueña con un mundo que aún no se ve, pero que sin duda llegará. La esperanza nos lleva a creer en la existencia de una creación que se prolonga hasta su cumplimiento definitivo, cuando Dios será todo en todos.

Los hombres capaces de imaginar han dado a la humanidad descubrimientos científicos y tecnológicos. Han surcado los océanos, han hollado tierras que nadie había pisado jamás. Los hombres que han cultivado esperanzas son asimismo los que han vencido la esclavitud y han traído mejores condiciones de vida a esta Tierra.

Piensa en estos hombres.

Sé responsable de este mundo y de la vida de cada hombre. Piensa que cada injusticia contra un pobre es una herida abierta y disminuye tu propia dignidad. La vida no cesa con tu existencia y en este mundo vendrán otras generaciones que sucederán a la nuestra y muchas más.

La creación no tiene fronteras

Dad y se os dará también se aplica a la creación. Si seguimos explotándola, nos dará una terrible lección. Ya lo estamos viendo. Si la cuidamos, también tendremos un hogar mañana.

¿Te has dado cuenta de que la creación no tiene fronteras? La creación es de todos y para todos. Las plantas, los bosques, los animales crecen sin fronteras, sin aduanas.

La creación es un libro abierto que nos da una valiosa lección: estamos en el mundo para encontrarnos con los demás, para crear comunión, porque todos estamos conectados. La creación está hecha para conectarnos con Dios y entre nosotros, es *la red social de Dios*.

Pero si partimos de nociones preconcebidas sobre el otro, de ideas preestablecidas, siempre veremos límites y barreras. Si, por el contrario, partimos del *encuentro* con *el otro*, con su historia, con su realidad, descubriremos a un hermano con el que podremos habitar la casa común, habitar la creación que no tiene fronteras.

Una ecología humana

Cada uno de nosotros debe aprender a discernir lo que puede *contaminar* su corazón, formarse una conciencia recta y sensible, capaz de «discernir la voluntad de Dios, lo que es bueno, agradable y perfecto para él» (Romanos 12, 2).

Si es necesaria una sana preocupación por el cuidado de la creación, por la pureza del aire, del agua y de los alimentos, con mayor razón debemos cuidar la pureza de lo que tenemos de más preciado: *nuestro corazón y nuestras relaciones*.

Esta *ecología humana* nos ayudará a respirar el aire puro que proviene de las cosas bellas, del amor verdadero, de la santidad.

Una nueva mirada

Hemos fallado en el cuidado de la Tierra, nuestra casa-jardín, y en el cuidado de nuestros hermanos y hermanas. Hemos pecado contra la Tierra, contra nuestro prójimo y, en última instancia, contra el Creador, el Padre bueno que nos mantiene a todos y quiere que vivamos juntos en comunión y prosperidad. ¿Y cómo reacciona la Tierra? Hay un refrán español que dice: «Dios siempre perdona; los humanos perdonamos a veces sí y a veces no; la Tierra no perdona nunca».

Necesitamos una nueva forma de cuidar nuestra casa común: no es un depósito de recursos que hay que explotar. Para nosotros, como creyentes, el mundo natural es el Evangelio de la Creación, que expresa el poder creador de Dios al dar forma a la vida humana y traer el mundo a la existencia junto con lo que contiene para sostener a la humanidad.

> Hermanos, no tengáis miedo del pecado del hombre, amad al hombre incluso en su pecado, porque esto es precisamente la imagen del amor divino y es la forma suprema de amor en la tierra.
>
> Amad a todas las criaturas divinas, a toda la creación como a cada grano de arena. Amad cada hoja, cada rayo divino. Amad a los animales, amad a las plantas, ámalo todo. Si amais todo, en todo captaréis el misterio de Dios. Y una vez que lo hayáis captado, lo comprenderéis cada vez más, día a día. Finalmente llegaréis a amar al mundo entero con un amor universal que todo lo abarca.
>
> FIÓDOR DOSTOYEVSKI, *Los hermanos Karamázov*, VI, III

La contemplación cura el alma

Cuidar es una regla de oro de nuestro ser humano y trae consigo salud y esperanza. Cuidar de los enfermos, de los necesitados, de los desamparados: es una riqueza humana y también cristiana.

Este cuidado debemos prestarlo también a nuestra casa común: a la Tierra y a toda criatura. Todas las formas de vida están interconectadas y nuestra salud depende de la de los ecosistemas que Dios creó y nos encargó cuidar (cfr. Génesis 2, 15). Abusar de ellos, sin embargo, es un grave pecado que perjudica, que duele y enferma.

El mejor antídoto contra este mal uso de nuestra casa común es la contemplación. Si no aprendemos a detenernos a admirar y apreciar la belleza, no es extraño que todo se convierta en objeto de uso y abuso sin escrúpulos. Sin embargo, nuestra casa común, la creación, no es un mero recurso. Las criaturas tienen valor en sí mismas y reflejan, cada una a su manera, un rayo de la infinita sabiduría y bondad de Dios. Este valor y este rayo de luz divina deben ser descubiertos y, para descubrirlos, necesitamos estar en silencio, necesitamos escuchar, necesitamos contemplar. La contemplación también cura el alma.

Soy hombre: duro poco
y es enorme la noche.
Pero miro hacia arriba:
las estrellas escriben.
Sin entender comprendo:
también soy escritura
y en este mismo instante
alguien me deletrea.

Octavio Paz, *Un sol más vivo*

Cuidar la casa que nos acoge

No podemos pretender seguir creciendo a nivel material sin cuidar la casa común que nos acoge. Para ello es importante recrear la dimensión contemplativa, es decir, mirar a la Tierra, a la creación como un don, no como algo que se explota para obtener beneficios. Cuando contemplamos descubrimos en los otros y en la naturaleza algo mucho más grande que su utilidad. Contemplar la belleza no significa explotarla: la contemplación es gratuidad. Descubrimos el valor intrínseco de las cosas dadas por Dios.

Como han enseñado muchos maestros espirituales, el cielo, la tierra, el mar, toda criatura posee esa capacidad icónica, esa capacidad mística de devolvernos al Creador y a la comunión con la creación. Por ejemplo, san Ignacio de Loyola, al final de sus *Ejercicios Espirituales*, nos invita a realizar «la contemplación para llegar a amar», es decir, para considerar cómo Dios mira a sus criaturas y alegrarse con ellas; para descubrir la presencia de Dios en sus criaturas y, con libertad y gracia, amarlas y cuidarlas.

> Y escuché una voz que me decía: la doncella que ves es el Amor Divino y tiene su morada en la eternidad. Pues cuando Dios quiso crear el mundo él estaba en disposición del amor más dulce y proveyó todas las cosas necesarias, como un padre prepara una herencia para su hijo. Con intenso fervor fundó y ordenó sus obras. Entonces toda la creación, en sus diversas clases y formas, reconoció al Creador, pues, en el principio, el amor divino fue la matriz a partir de la cual él creó todas las cosas,

cuando dijo así sea y así fue. De ese modo, cada criatura fue formada por el amor divino en un abrir y cerrar de ojos.

HILDEGARDA VON BINGEN, *Cartas*

Maravillosamente humano

Cuando hablamos de cuidar la casa común que es el planeta, estamos apelando a ese mínimo de conciencia universal y de preocupación por el cuidado mutuo que aún puede quedar en las personas. Porque si a alguien le sobra agua y, sin embargo, la conserva pensando en la humanidad, es porque ha alcanzado un nivel moral que le permite ir más allá de sí mismo y de su propio grupo. ¡Esto es maravillosamente humano! Esta misma actitud es la que se requiere para reconocer los derechos de todo ser humano, aunque haya nacido más allá de las propias fronteras de uno.

Sembremos belleza

Que Dios nos llene de su ternura y derrame la fuerza de su amor sobre nuestro camino, para que sembremos belleza y no contaminación y destrucción.

Detengámonos en los latidos del corazón

En este tiempo de la creación, detengámonos en esos latidos del corazón: el nuestro, el de nuestras madres y abuelas, el latido de la creación y el latido de Dios. Hoy no están en armonía, no laten juntos en justicia y paz. A demasiados se les impide beber de este poderoso río. Atendamos, pues, al llamamiento a permanecer al lado de las víctimas de la injusticia medioambiental y climática, y a poner fin a esta guerra sin sentido contra la creación.

Amemos este magnífico planeta

¿Quién se atrevería a encerrar en un templo y silenciar el mensaje de san Francisco de Asís y de la beata Teresa de Calcuta? No podrían aceptarlo. Una fe auténtica —que nunca es cómoda e individualista— implica siempre un profundo deseo de cambiar el mundo, de transmitir valores, de dejar algo mejor tras nuestro paso por la Tierra.

Amemos este magnífico planeta donde Dios nos ha colocado y amemos a la humanidad que lo habita, con todos sus dramas y fatigas, con sus anhelos y esperanzas, con sus valores y fragilidades. La Tierra es nuestra casa común y todos somos hermanos.

Que cada criatura sea hermana nuestra

Igual que cuando uno se enamora de una persona, cuando Francisco miraba al sol, a la luna, a los animales más pequeños, su reacción era cantar, haciendo partícipes de su alabanza a todas las demás criaturas. Entraba en comunicación con toda la creación e incluso predicaba a las flores y las invitaba a alabar y amar a Dios como seres dotados de razón. Su reacción era mucho más que una apreciación intelectual o un cálculo económico, pues para él cada criatura era una hermana, unida a él por lazos de afecto. Por eso se sintió llamado a cuidar de todo lo que existe. Su discípulo san Buenaventura contaba que él, «considerando que todas las cosas tienen un origen común, se sentía lleno de una piedad aún mayor y llamaba a las criaturas, por pequeñas que fueran, con el nombre de hermano o hermana».

> Lo que siento indudablemente, ciertamente, Señor, es que te amo. Fulgurado el corazón por ti mediante tu palabra, te amo, y el cielo y la tierra y todas las cosas que hay en ellos, he aquí que por todas partes me dicen que te ame, como se lo dicen sin cesar a todos los hombres, para que no tengamos excusa.
>
> AGUSTÍN, *Confesiones*, 10, 6, 8

Una pobreza que enriquece

Hay una paradoja que hoy como ayer es difícil de aceptar, porque choca con la lógica humana: hay una pobreza que enriquece. Al recordar la *gracia* de Jesucristo, Pablo quiere confirmar lo que él mismo predicó, a saber, que la verdadera riqueza no consiste en acumular «para sí tesoros en la tierra, donde la polilla y el óxido destruyen, y donde los ladrones se meten a robar» (Mateo 6, 19), sino en el amor recíproco que nos hace soportar los unos las cargas de los otros para que nadie quede abandonado ni excluido.

La experiencia de debilidad y limitación que hemos vivido con la pandemia y con la tragedia de las recientes guerras de repercusión mundial debe marcar algo decisivo: no estamos en este mundo para sobrevivir, sino para que a todos se les permita una vida digna y feliz. El mensaje de Jesús nos muestra el camino y nos hace descubrir que hay una pobreza que humilla y mata, y hay otra pobreza, la suya, que libera y serena.

La voz de la creación

Si aprendemos a escucharla, notaremos una especie de disonancia en la voz de la creación. Por un lado, es un canto dulce que alaba a nuestro amado Creador; por otro, es un grito amargo que lamenta nuestro maltrato humano.

Recordando la exhortación de san Pablo a alegrarnos con los que se alegran y a llorar con los que lloran (cfr. Romanos 12, 15), lloremos con el amargo grito de la creación, escuchémosla y respondamos con obras para que nosotros y las generaciones futuras podamos seguir alegrándonos con el dulce canto de vida y esperanza de las criaturas.

Pequeñas acciones cotidianas

Es muy noble asumir la tarea de cuidar la creación con pequeñas acciones cotidianas y es maravilloso que la educación sea capaz de motivarlas hasta el punto de formar un estilo de vida. La educación para la responsabilidad medioambiental puede fomentar diversos comportamientos que tienen un impacto directo e importante en el cuidado del medioambiente, como evitar el uso de plásticos o papel, reducir el consumo de agua, clasificar los residuos, cocinar solo lo que razonablemente se puede comer, tratar con cuidado a los demás seres vivos, utilizar el transporte público o compartir el vehículo entre varias personas, plantar árboles, apagar las luces innecesarias, etc. Todo ello forma parte de una creatividad generosa y digna que muestra lo mejor del ser humano.

Reutilizar algo en lugar de desecharlo rápidamente, basándose en motivaciones profundas, puede ser un acto de amor que exprese nuestra dignidad.

La Tierra y la humanidad son una sola cosa

Del mismo modo que no es posible abordar la crisis energética al margen de la crisis política, tampoco es posible resolver la crisis alimentaria al margen de la persistencia de los conflictos, o la crisis climática sin tener en cuenta el problema migratorio, o el alivio de las economías frágiles o la protección de las libertades fundamentales.

Todos debemos ser cada vez más conscientes de que el grito de nuestro maltratado planeta es inseparable del grito de la humanidad que sufre. Son muy actuales las palabras de san Pablo en la Epístola a los Romanos de hace unos dos mil años, donde presenta el destino común de la humanidad y de la creación que, dice el apóstol, alimenta la esperanza de que también ella será liberada de la esclavitud de la corrupción, para entrar en la libertad de la gloria de los hijos de Dios, a la vista de la cual toda la creación gime y sufre dolores de parto hasta hoy (cfr. 8, 21-22).

> El mundo sufre la transformación de los pies en goma, de las piernas en cuero, del cuerpo en tela y de la cabeza en acero [...]. El mundo sufre la transformación de la pala en fusil, del arado en tanque, de la imagen del sembrador esparciendo semillas en la del autómata con su lanzallamas, de cuya siembra brotan desiertos. Solo la poesía, con la humildad de su voz, puede salvar este mundo.
>
> VINÍCIUS DE MORAES, *Para vivir un gran amor*

Una solución radical

El relato bíblico nos dice algo sorprendente: Dios estaba tan amargado por la maldad generalizada de los hombres convertida en un modo de vida normal, que pensó que se había equivocado al crearlos y decidió eliminarlos. Una solución radical. Incluso podría tener un paradójico trasfondo misericordioso: no más humanos, no más historia, no más juicios, no más condenas. Y muchas de las víctimas predestinadas de la corrupción, la violencia y la injusticia serían desterradas para siempre.

Noé no predica, no se queja, no recrimina, sino que se preocupa por el futuro de la generación que está en peligro. Construye el arca de acogida y hace entrar a hombres y animales.

Al cuidar de la vida, en todas sus formas, Noé cumple el mandato de Dios repitiendo el gesto tierno y generoso de la creación, que es en realidad el mismo pensamiento que inspira el mandato de Dios: una nueva bendición, una nueva creación (cfr. Génesis 8, 15-9, 17).

El olivo

El Mediterráneo es un mar que nos abre al otro. Pienso en sus fértiles orillas y en el árbol que podría convertirse en su símbolo: el olivo, que une diferentes tierras ribereñas de un mismo mar. Es triste ver cómo en los últimos años han ardido muchos olivos centenarios, consumidos por incendios a menudo provocados por condiciones meteorológicas adversas, a su vez causadas por el cambio climático.

Ante el paisaje herido de tantos lugares de la Tierra, el olivo puede simbolizar la voluntad de contrarrestar la crisis climática y su devastación. Tras el cataclismo primordial narrado en la Biblia, el Diluvio, una paloma regresó a Noé llevando «en su pico una tierna hoja de olivo» (Génesis 8, 11). Era el símbolo del reinicio, de la fuerza para empezar de nuevo cambiando el estilo de vida, renovando la relación con el Creador, las criaturas y la creación.

Sepamos que las cosas pueden cambiar

El desafío urgente de proteger nuestra casa común incluye la preocupación de unir a toda la familia humana en la búsqueda de un desarrollo sostenible e integral, porque sabemos que las cosas pueden cambiar. El Creador no nos abandona, nunca retrocede en su proyecto de amor, no se arrepiente de habernos creado. La humanidad aún tiene la capacidad de trabajar unida para construir nuestra casa común.

Todos podemos aportar nuestra contribución como instrumentos de Dios para el cuidado de la creación, cada uno con nuestra propia cultura y experiencia, nuestras propias iniciativas y capacidades.

Se contempla desde dentro

La contemplación, que nos lleva a una actitud de cuidado, no es mirar la naturaleza desde fuera, como si no estuviéramos inmersos en ella. Más bien se hace desde dentro, reconociéndonos como parte de la creación, haciéndonos protagonistas y no meros espectadores de una realidad amorosa de la que solo nos aprovecharíamos. Quien contempla de ese modo experimenta el asombro no únicamente por lo que ve, sino porque se siente parte integrante de esa belleza; y también se siente llamado a preservarla, a protegerla.

Y hay algo que no debemos olvidar: quien no sabe contemplar la naturaleza y la creación, no sabe contemplar a las personas en su riqueza. Y quien vive de explotar la naturaleza termina por explotar a las personas y tratarlas como esclavas. Esta es una ley universal: si no sabes contemplar la naturaleza te será muy difícil contemplar a las personas, la belleza de las personas, el hermano, la hermana.

Ninguna criatura sobra

Decir que el ser humano es imagen de Dios no debe hacernos olvidar que cada criatura tiene una función y que ninguna sobra. Todo el universo material es un lenguaje del amor de Dios, de su amor por nosotros. La tierra, el agua, las montañas, todo es caricia de Dios. La historia de la amistad con Dios se desarrolla siempre en un espacio geográfico que se convierte en un sello muy personal y cada uno de nosotros guarda en su memoria lugares cuyo recuerdo le hace mucho bien. Quien creció en la montaña, o quien de niño se sentaba junto al arroyo a beber, o quien jugaba en una plaza de su barrio, cuando vuelve a esos lugares se siente llamado a recuperar su identidad.

Pero al otro lado del lago, donde el verde del olmo sobrepasa
la vieja puerta y el saúco silvestre rodea de flores la valla,
allí me acoge la casa y la sombra familiar del jardín,
donde, junto con las plantas, me crio amorosamente mi padre;
y, como una ardilla, jugaba feliz entre el susurro de las ramas,
o, soñador, en el heno perfumado me hundía como en un nido.
¡Naturaleza de mi tierra! Fiel me fuiste;
respetuosa, como antaño, con afecto al exiliado acoges.
Para mí aún florecen los melocotoneros, aún trepan sobre
mis ventanas, con gracia, los racimos de exquisitas uvas.

FRIEDRICH HÖLDERLIN, *El caminante*

La naturaleza es la gramática de Dios

La fe nos revela el amor de Dios Creador y nos impulsa así a respetar más la naturaleza, haciéndonos reconocer en ella una gramática escrita por él y una casa que nos ha sido confiada para su cultivo y cuidado; nos ayuda a encontrar modelos de desarrollo que no se basen únicamente en la utilidad y el beneficio, sino que consideren la creación como un don del que todos somos deudores; nos ayuda a identificar formas justas de gobierno, reconociendo que la autoridad viene de Dios para estar al servicio del bien común.

Custodiar la belleza

La vocación de cuidado no solo nos concierne a los cristianos: tiene una dimensión anterior y meramente humana; nos concierne a todos. Es custodiar toda la creación, la belleza de la creación, como se nos dice en el libro del Génesis y como nos mostró san Francisco de Asís: es tener respeto por cada criatura de Dios y por el medioambiente en el que vivimos.

VI

Cómo ganar de verdad

VI

Como gatos de verdad

¿Soy yo acaso el guardián de mi hermano?

Según la historia de los orígenes, todos los hombres proceden de unos padres comunes, Adán y Eva, una pareja creada por Dios a su imagen y semejanza (cfr. Génesis 1, 26), de la que nacen Caín y Abel.

Abel es pastor, Caín es agricultor. Su identidad profunda y, al mismo tiempo, su vocación, es *ser hermanos*, a pesar de la diversidad de su actividad y de su cultura, de su manera de relacionarse con Dios y con la creación. Pero el asesinato de Abel por parte de Caín atestigua trágicamente el rechazo radical de esta vocación. Su historia (cfr. Génesis 4, 1-16) pone de relieve la difícil tarea a la que están llamados todos los hombres, vivir juntos, cuidándose mutuamente. Caín, no aceptando la predilección de Dios por Abel, que le ofreció lo mejor de su rebaño —«el Señor agradeció a Abel su ofrenda, pero no agradeció a Caín su ofrenda» (Génesis 4, 4-5)—, mata a Abel por envidia. De este modo, se niega a reconocerse como hermano, a relacionarse positivamente con él, a vivir ante Dios asumiendo su responsabilidad de cuidar y proteger al otro. A la pregunta: «¿Dónde está tu hermano?», con la que Dios pide cuentas a Caín por sus actos, este responde: «No lo sé. ¿Soy yo acaso el guardián de mi hermano?» (Génesis 4, 9). Luego, nos dice el Génesis: «Caín se apartó del Señor» (4, 16).

El que empuñe la espada, por la espada morirá

La palabra del Señor Jesús se impone por su profundo conocimiento: «Poned la espada en su sitio —dice—, porque todo el que empuñe la espada, por la espada morirá» (Mateo 26, 52). Los que toman la espada, creyendo tal vez que resolverán rápidamente las situaciones difíciles, experimentarán en sí mismos, en sus seres queridos, en sus pueblos, la muerte que viene de la espada. «¡Basta!» (Lucas 22, 38), dice Jesús cuando los discípulos le muestran dos espadas antes de la Pasión. «¡Basta!» es una respuesta inequívoca a toda violencia. Ese «¡Basta!» de Jesús trasciende los siglos y llega con fuerza hasta nosotros hoy: ¡basta de espadas, de armas, de violencia, de guerra!

Hora de parar

Formamos parte de la misma familia humana y compartimos un destino común. De ahí la responsabilidad de cada uno de nosotros de trabajar para que el mundo sea una comunidad de hermanos que se respetan, se aceptan en su diversidad y se cuidan mutuamente. También estamos llamados a ser conscientes de la violencia y la injusticia que están presentes en tantas partes del mundo y que no pueden dejarnos indiferentes e impasibles: necesitamos el compromiso de todos para construir una sociedad verdaderamente más justa y solidaria.

Recibí una carta de un hombre que, al hacerme partícipe de una tragedia familiar, enumeró después tantas tragedias y guerras que ocurren hoy en el mundo que me preguntaba: «¿Qué pasa en el corazón del hombre, que se ve arrastrado a hacer todo esto?». Y al final me decía: «Es hora de parar».

Yo también creo que nos hará bien detenernos en este camino de violencia y buscar la paz. Hermanos y hermanas, hago mías las palabras de este hombre: ¿qué ocurre en el corazón del hombre? ¿Qué sucede en el corazón de la humanidad? ¡Es hora de parar!

> Que nadie guarde en su corazón sentimientos de odio hacia su prójimo, sino de amor, porque el que odia, *aunque solo sea a un hombre*, no podrá estar tranquilo ante Dios. Dios no escucha su plegaria mientras albergue ira en su corazón.
>
> SAN CESÁREO DE ARLÉS, *Discursos*, XIV, 2

Todos y ninguno

«¿Dónde está tu hermano?»; la voz de su sangre me grita, dice Dios. No es una pregunta dirigida a los demás: es una pregunta dirigida a mí, a ti, a cada uno de nosotros.

¿Dónde está tu hermano? ¿Quién es el responsable de esta sangre? En la literatura española hay una obra de Lope de Vega que cuenta cómo los habitantes del pueblo de Fuenteovejuna matan al gobernador, porque es un tirano, y lo hacen de tal

manera que no se sabe quién llevó a cabo la ejecución. Y cuando el juez del rey pregunta: «¿Quién mató al gobernador?», todos responden: «Fuenteovejuna, señor». ¡Todos y ninguno!

Aún hoy surge con fuerza esta pregunta: ¿quién es responsable de la sangre de estos hermanos y hermanas? Nadie. Todos respondemos así: no soy yo, no tengo nada que ver, serán otros, ciertamente no yo. Pero Dios nos pregunta a cada uno: «¿Dónde está la sangre de tu hermano cuyo grito me reclama?».

Nadie en el mundo actual se siente responsable de ello; hemos perdido el sentido de la responsabilidad fraterna. Hemos caído en la actitud hipócrita del sacerdote y del monaguillo de la que hablaba Jesús en la parábola del buen samaritano: miramos al hermano medio muerto al borde del camino, tal vez pensando «pobrecito», y seguimos nuestro camino. No es asunto nuestro. Y con eso nos tranquilizamos, nos sentimos bien. La cultura del bienestar, que nos lleva a pensar en nosotros mismos, nos hace insensibles a los gritos de los demás, nos hace vivir en pompas de jabón, que son bonitas, pero no son nada, son la ilusión de lo fútil, de lo provisional, que conduce a la indiferencia hacia los demás; es más: conduce a la globalización de la indiferencia. En este mundo de globalización hemos caído en la globalización de la indiferencia. Nos hemos acostumbrado a la suplantación del otro, ¡no nos concierne, no es asunto nuestro!

¡No tenemos que rendir cuentas a nadie!

El propietario de un terreno ha plantado allí una viña y la ha cuidado bien; luego, al tener que marcharse, la confía a los arrendatarios. En la época de la vendimia envía a sus criados a recoger la cosecha. Pero los campesinos los atacan y los matan; entonces el amo envía a su hijo e incluso a él lo matan (cfr. Mateo 21, 33-43). ¿Por qué? ¿Qué salió mal?

El propietario lo hace todo para bien, con amor: él mismo trabaja, planta la viña, la rodea de un seto para protegerla, cava un hoyo para el lagar y construye una atalaya (cfr. v. 33). Luego confía la viña a los labradores, para que la cultiven bien y dé fruto. Dadas esas premisas la vendimia debe terminar felizmente, en un ambiente festivo, con un reparto equitativo de la cosecha para satisfacción de todos.

Y, sin embargo, en la mente de los campesinos se colaron pensamientos *ingratos* y *codiciosos*: «No debemos dar nada al amo. No tenemos que rendir cuentas a nadie». Y esto los lleva a ver la realidad de forma distorsionada, a sentirse acreedores, y no en deuda, con el amo que les había dado trabajo. Cuando ven a su hijo llegan incluso a decir: «Este es el heredero. ¡Matémoslo y así nos quedaremos con su herencia!» (v. 38). Y de campesinos pasan a ser asesinos. Todo es un proceso. Y este proceso ocurre muchas veces en el corazón de las personas, incluso en el nuestro.

El sueño de ser Dios

«Adán, ¿dónde estás?» es la primera pregunta de Dios al hombre después del pecado. «¿Dónde estás, Adán?». Adán es un hombre desconcertado, porque pensaba que era poderoso, que podía dominarlo todo, que era Dios y, en cambio, perdió su lugar en la creación. El hombre comete un error y la armonía se rompe. Esto se repite también en la relación con el otro, que ya no es el hermano al que hay que amar, sino simplemente alguien que perturba mi vida, mi bienestar. Dios plantea la segunda pregunta: «Caín, ¿dónde está tu hermano?». El sueño de ser poderoso, de ser tan grande como Dios, incluso de ser Dios, conduce a una cadena de maldades que es una cadena de muerte, ¡lleva a derramar la sangre del hermano!

Estas dos preguntas de Dios resuenan también hoy, ¡con toda su fuerza! Muchos de nosotros, yo incluido, estamos desorientados, ya no prestamos atención al mundo en que vivimos, no nos preocupamos, no cuidamos lo que Dios ha creado para todos y ya ni siquiera somos capaces de cuidarnos los unos a los otros. Y cuando esta desorientación alcanza las dimensiones del mundo conduce a tragedias como las que estamos presenciando.

Una regla de oro

Jesús dice a los discípulos que amen a sus enemigos. Y lo dice con claridad, sencillez y firmeza, trazando una senda, un camino estrecho que exige ciertas virtudes. Porque Jesús no es un idealista que ignora la realidad; habla del enemigo concreto, del enemigo real: el que nos odia, nos destierra, nos insulta y desprecia nuestro nombre.

Y, sin embargo, no nos invita a un amor abstracto, etéreo o teórico, elaborado para dar un discurso. El camino que nos propone es el que él mismo recorrió primero, el que le hizo amar a quienes le traicionaron, le juzgaron injustamente, a quienes le matarían.

Para que su invitación sea más concreta y aplicable en la vida cotidiana, Jesús propone una primera regla de oro al alcance de todos —«como queráis que hagan los hombres con vosotros, así también haced vosotros con ellos» (Lucas 6, 31)— y nos ayuda a descubrir qué es lo más importante en esta reciprocidad de comportamientos: amarnos, ayudarnos y predisponernos los unos a los otros sin esperar nada a cambio.

Un mandamiento nuevo

¿Cuál es la novedad del mandamiento que Jesús confía a sus discípulos? ¿Por qué lo llama mandamiento nuevo? El *antiguo* mandamiento del amor se ha hecho *nuevo* porque se ha completado con este añadido: *como yo os he amado*, «amaos los unos a los otros como yo os he amado». La novedad está en el amor de Jesucristo, el amor con el que dio su vida por nosotros.

Él nos amó primero, nos amó a pesar de nuestras fragilidades, nuestras limitaciones y nuestras debilidades humanas. Fue él quien nos hizo dignos de su amor que no conoce límites y nunca termina. Al darnos el mandamiento nuevo nos pide que nos amemos los unos a los otros no solo y no tanto con *nuestro* amor, sino con *el suyo*, que el Espíritu Santo infunde en nuestros corazones si lo invocamos con fe. Así —y solo así— podemos amarnos no solo como nos amamos a nosotros mismos, sino *como él* nos ha amado, es decir, mucho más e inmensamente. Porque Dios nos ama mucho más de lo que nosotros nos amamos a nosotros mismos. Y así podemos esparcir por todas partes la semilla del amor que renueva las relaciones entre las personas y abre horizontes de esperanza.

Difícil, pero no imposible

«Amad a vuestros enemigos y rezad por los que os persiguen» (cfr. Mateo 5, 43-48). A veces, leyendo estas palabras del Señor, pienso: «Jesús tiene ideas que no podemos comprender ni aceptar».

Es cierto que debemos perdonar a nuestros enemigos: lo entendemos, porque lo decimos todos los días en el Padre Nuestro; pedimos perdón para, asimismo, ser perdonados. No es un camino fácil, pero podemos recorrerlo: aguantamos y seguimos adelante.

Rezar por los que nos causan dificultades, por los que tienen un comportamiento agresivo y por los que nos ponen a prueba: esto también es difícil, pero lo hacemos. O al menos, lo hemos conseguido muchas veces.

Pero es el nivel superior el que parece incomprensible: rezar por los que quieren destruirnos, los enemigos, para que Dios los bendiga: esto es realmente difícil de entender. Todos los días experimentamos la dificultad de perdonar incluso a los que más queremos. Pero, además, perdonar a los que nos matan, a los que quieren matarnos… Y no solo perdonar: ¡rezar por ellos, para que Dios los guarde! Más aún: amarlos. Solo la palabra de Jesús puede explicar esto. Yo no consigo ir más allá.

Quizá sea bueno que pensemos en un enemigo —creo que todos tenemos alguno—, uno que nos haya hecho daño o que quiera hacernos daño. Entonces recemos por él. Pidamos al Señor que nos dé la gracia de amarle. Porque si la oración *mafiosa* es: «Me las pagarás», la oración cristiana es: «Señor, dale tu bendición y enséñame a amarle».

Amar a los enemigos es una locura

Según la lógica del mundo, amar a los enemigos es una locura. Pero es precisamente la locura de la cruz la que debe guiarnos porque, si queremos vivir como hijos del Padre, debemos ser misericordiosos como él y no dejarnos guiar por la lógica de Satanás, el gran acusador que busca siempre el mal del otro.

Jesús habla de esta lógica *invertida* varias veces, como por ejemplo en este pasaje del Evangelio (Lucas 6, 27-38): «A vosotros que me escucháis, os digo: amad a vuestros enemigos, haced el bien a los que os odian, bendecid a los que os maldicen, rezad por los que os tratan mal».

Son cuatro mandamientos ante los que solemos quedarnos perplejos: «¿Cómo puedo amar a quien me hace daño? No digo ya vengarme, pero al menos defenderme». La respuesta es: «Ama a tus enemigos». Uno podría replicar: «Pero ¿no puedo odiarlos? Tengo derecho a hacerlo, porque ellos me odian». Y la respuesta es siempre clara: «No. Ama». A los enemigos, a los que quieren destruirte: ámalos.

Y no se trata de figuras poéticas: es lo que el Señor quiere que hagamos. Son indicaciones concretas, porque es muy fácil reunirse para chismorrear sobre los enemigos o los que son de otro partido o incluso los que nos caen mal.

Y no hay excepciones: «Pero, padre, ¿es esto algo que hay que seguir siempre?». Sí. «¡Pero esto es una locura!» Sí. Pablo lo dice claramente: «La locura de la cruz».

No es un *buen negocio* y sin embargo…

Amar a nuestros enemigos es difícil y ni siquiera es un *buen negocio*, porque nos empobrece. Sin embargo, este es el camino que Jesús indicó y recorrió para nuestra salvación. De hecho, el evangelista dice: «Habéis oído que se dijo: *amarás a tu prójimo* y odiarás a tu enemigo; pero yo os digo: amad a vuestros enemigos y orad por vuestros perseguidores [...]. Porque si amáis a los que os aman, ¿qué mérito tenéis? ¿No hacen lo mismo acaso los recaudadores de impuestos? Y si solo saludáis a vuestros hermanos, ¿qué hacéis de extraordinario? ¿No hacen lo mismo los paganos?» (Mateo 5, 43-48).

Todos tenemos enemigos y a veces nosotros mismos nos convertimos en enemigos de los demás, pero Jesús nos dice que debemos amarlos. Y pensamos que nos pide demasiado: ¿cómo se puede amar a quienes deciden bombardear y matar a la gente? ¿Cómo amar a los que, por dinero, no reparten medicinas a los necesitados? ¿Cómo se puede amar a quienes solo buscan su propio interés, su propio poder y hacen el mal?

No sé cómo puede hacerse. Pero Jesús nos dice que miremos al Padre. Nuestro Padre es Dios: hace salir el sol sobre malos y buenos; hace llover sobre justos e injustos. Nuestro Padre por la mañana no le dice al sol: «¡Hoy ilumina a estos, pero a aquellos no, déjalos en la sombra!». Él dice: «Ilumínalos a todos». Su amor es un don para todos, buenos y malos. Y perdona a sus enemigos: piensa con qué ternura recibe Jesús a Judas en el Huerto de los Olivos, cuando entre los discípulos hay quien piensa en la venganza.

Pobreza que enriquece

Es cierto: el amor a los enemigos nos empobrece, como a Jesús, que, cuando vino, se rebajó hasta la pobreza. Tal vez no sea un *buen negocio*, o al menos no según la lógica del mundo. Sin embargo, así lo hizo Dios, así lo hizo Jesús, hasta conquistar para nosotros la gracia que nos hizo ricos.

Este es el misterio de la salvación: con el perdón, con el amor al enemigo, nos hacemos más pobres. Pero esa pobreza es semilla fecunda para los demás, pues la pobreza de Jesús se ha convertido en gracia para todos nosotros, en salvación.

Pensemos en nuestros enemigos, en los que no nos quieren. Sería bonito que ofreciéramos una misa por ellos, que ofreciéramos el sacrificio de Jesús por los que no nos aman. Y también por nosotros, para que el Señor nos enseñe esta sabiduría tan difícil, pero también tan hermosa, que nos hace semejantes a su Hijo, que en su descenso se hizo pobre para enriquecernos con su pobreza.

Amar es vivir como un vencedor

Cierto, pero puedes objetar: «Comprendo la grandeza del ideal, ¡pero la vida es otra cosa! Si amo y doy, no sobrevivo en este mundo donde prevalece la lógica de la fuerza y parece que cada uno piensa en sí mismo». Pero, entonces, ¿la lógica de Jesús es perdedora? Es perdedora a los ojos del mundo, pero ganadora a los ojos de Dios. «Que nadie se engañe a sí mismo, porque la sabiduría de este mundo es necedad a los ojos de Dios» (1 Corintios 3, 18-19). Dios ve más allá. Sabe cómo vencer. Sabe que el mal solo puede ser vencido con el bien. Así nos salvó: no con la espada, sino con la cruz. Amar y perdonar es vivir como un vencedor. El Señor nos repetiría también las palabras que dijo a Pedro en Getsemaní: «Mete tu espada en la vaina» (Juan 18, 11). En el Getsemaní de hoy, en nuestro mundo de hoy indiferente e injusto, donde parece que asistimos a la agonía de toda esperanza, el cristiano no puede hacer como aquellos discípulos, que primero empuñaron la espada y luego huyeron. No, la solución no es desenvainar la espada contra alguien, ni huir de los tiempos que vivimos. La solución es el camino de Jesús: el amor activo, el amor humilde, el amor «hasta el final» (Juan 13, 1).

«Soy yo, no tengáis miedo»

Es de noche, Jesús camina sobre las aguas del mar de Galilea para encontrarse con los discípulos que hacen el viaje en barca (cfr. Mateo 14, 22-33). Nos preguntamos: ¿por qué hizo Jesús algo así? ¿Quería dar un espectáculo? ¡No! ¿Quizá por una necesidad urgente e imprevisible de socorrer a los suyos, que se encuentran atrapados por el viento en contra? No, porque fue él quien lo dispuso todo, quien les hizo partir al atardecer, incluso —dice el texto— «obligándoles» (cfr. v. 22). ¿Quizá para darles una demostración de grandeza y poder? Pero eso no es propio de él, que es tan sencillo. ¿Por qué quiso caminar sobre las aguas?

En aquella época, las grandes extensiones de agua se consideraban el asiento de fuerzas malignas que no podían ser controladas por el hombre; sobre todo cuando había tormenta las profundidades eran un símbolo del caos y recordaban la oscuridad del inframundo. Ahora los discípulos se encuentran en medio del lago, en la oscuridad: en ellos está el miedo a hundirse, a ser succionados por el mal. Y aquí llega Jesús, que camina sobre las aguas, es decir, por encima de las fuerzas del mal y dice a los suyos: «¡Tened valor, soy yo, no tengáis miedo!» (v. 27).

Los verdaderos enemigos

Jesús, caminando sobre las aguas, quiere decirnos: «No temáis, pondré a vuestros enemigos a vuestros pies». No a las personas. No son esos los enemigos, sino la muerte, el pecado, el demonio: estos son los enemigos de las personas, nuestros enemigos. Y Jesús pisotea a estos enemigos por nosotros.

El Señor sabe que la barca de la vida está amenazada por vientos en contra y que el mar en el que navegamos se presenta a menudo agitado. No nos salva de la fatiga de la navegación, sino que empuja a los suyos a zarpar: nos invita, así es, a afrontar las dificultades, para que también ellas se conviertan en *lugares de salvación*, en ocasiones de encuentro con él. Él, de hecho, en nuestros momentos de oscuridad sale a nuestro encuentro, pidiendo ser acogido, como aquella noche en el lago.

Humanizarnos nosotros para humanizar a los demás

Cuando nos dejamos tentar por la lógica de la lucha, de la división entre nosotros, de los sentimientos negativos, cuando nos enfrentamos unos a otros, nos volvemos menos humanos. En cambio, necesitamos humanidad, ser más humanos. *Compadecer* significa *sufrir con* las víctimas de la inhumanidad presente en el mundo, pero también *compadecerse de* quienes cometen errores e injusticias, no justificando, sino humanizando. Esto es lo que nos salva: humanizar, humanizarnos a nosotros mismos y humanizar a los demás.

El perdón no quita nada, sino que añade dignidad a la persona, hace que uno mire lejos de sí mismo hacia los demás, para verlos tan frágiles como nosotros, pero siempre hermanos y hermanas en el Señor.

Un «gracias» basta para traer la paz

La parábola de la viña nos recuerda lo que sucede cuando el hombre se engaña a sí mismo y olvida la gratitud, olvida la realidad fundamental de la vida: que el bien viene de la gracia de Dios, de su amor gratuito. Y así acaba viviendo su propia condición y limitación no ya con la alegría de sentirse amado y salvado, sino con la triste ilusión de que no necesita ni amor ni salvación. Renuncia a dejarse amar y se encuentra prisionero de su propia codicia, cegado por la necesidad de tener algo más que los demás. Impulsado por el resentimiento puede sumergirse en un torbellino de la violencia.

Sí, la ingratitud engendra violencia, nos lleva a levantar la voz y gritar, mientras que un simple «gracias» puede traer la paz.

Y yo, ¿sé decir «gracias»?

Y yo, ¿me doy cuenta de que he recibido la vida y la fe como un don? ¿Soy consciente de que yo mismo, yo misma, soy un don? ¿Soy consciente de que todo comienza con la gracia del Señor? ¿Soy consciente de que me beneficio sin merecerlo, de que soy amado y salvado gratuitamente? Y, sobre todo, en respuesta a la gracia, ¿sé decir «gracias»? ¿Sé pronunciar las cuatro palabras que son el secreto de la coexistencia humana? *Gracias, por favor, perdón.*

Demos el primer paso

Siempre es necesario dar un primer paso para cualquier actividad y proyecto. Dar el primer paso significa ser el primero en amar, en tender puentes, en crear fraternidad. Dar el primer paso nos anima a salir al encuentro del otro, a tenderle la mano e intercambiar el signo de la paz. Una paz estable y duradera, para que podamos vernos y tratarnos como hermanos, no como enemigos. La paz nos recuerda que todos somos hijos de un mismo Padre, que nos ama y nos consuela.

Derribar muros

El apóstol Pablo dice que el Señor «es nuestra paz», en el sentido de que restablece la unidad: él es quien «hace de dos uno, derribando los muros de separación, de enemistad» (Efesios 2, 14). Esta es la paz de Dios: no solo una tregua entre conflictos, sino una comunión fraterna que nace de unir, no de absorber; de perdonar, no de avasallar; de reconciliar, no de imponer. Tan grande es el deseo de paz del cielo, que fue anunciado ya en el nacimiento de Cristo: «en la tierra, la paz sea con los hombres, a quienes ama» (Lucas 2, 14). Y tan grande fue la angustia de Jesús ante el rechazo de este don que vino a traer, que lloró por Jerusalén, diciendo: «¡Si tú hubieras también comprendido, en este día, lo que la paz trae!» (Lucas 19, 42).

Y no podemos promover la paz sin invocar antes a Jesús, «Príncipe de la Paz» (Isaías 9, 5). Lo que hacemos por los demás y compartimos con los demás es, ante todo, un don gratuito que recibimos de él con las manos vacías: es gracia, pura gracia. Somos cristianos porque somos amados gratuitamente por Cristo.

El programa de la vida: construir puentes humanos

Niño: Querido Papa Francisco, ¿cómo podemos los jóvenes vivir y difundir la paz en este mundo tan lleno de odio?

Papa Francisco: Has dicho dos palabras que son la clave para entenderlo todo: paz y odio. La paz construye puentes, el odio construye muros. En la vida hay que elegir: o construyes puentes o construyes muros. Los muros dividen y, cuando hay división, crece el odio. Los puentes unen y, cuando hay un puente, el odio desaparece, porque puedo escuchar al otro, hablar con el otro. Me gusta pensar y decir que cada día tenemos la capacidad y la posibilidad de construir un puente humano. Cuando das la mano a un amigo, a una persona, construyes un puente humano. Por el contrario, cuando golpeas a la otra persona, o la insultas, construyes un muro. A veces puede ocurrir que extiendas la mano y la otra parte no la coja, que te dejen con la mano tendida en el aire: son las humillaciones que tenemos que soportar para hacer algo bueno. ¿Y si encuentro un obstáculo que me impide hacer algo? Vuelvo atrás y sigo adelante, vuelvo atrás y sigo adelante. Eso es lo que tenemos que hacer. No dejar que nos desanime, no decir: «Bueno, no puedo…». No. Hay que buscar siempre la manera de tender puentes. Ese es el programa de la vida: *tender puentes humanos*.

El último escalón

En el camino del cristiano no hay lugar para el odio: si, como hijos, los creyentes quieren parecerse al Padre, no deben limitarse a la mera letra de la ley, sino vivir cada día el mandamiento del amor. Incluso hasta el punto de rezar por sus enemigos: es decir, hasta el último escalón que hay que subir para llevar la ley a su plenitud.

Se ha dicho «no matarás». Y es verdad. Pero si insultas a tu hermano estás matando. Hay muchas formas, muchas maneras de matar. Y de nuevo: si tu hermano te pide el vestido, ¡dale también la capa! Y si te pide que hagas un kilómetro con él, ¡haz dos! Jesús siempre pide algo más generoso, porque el amor es más generoso que la letra de la ley.

Este es el camino, no hay otro

Jesús cita la antigua ley: «Ojo por ojo y diente por diente» (Mateo 5, 38; Éxodo 21, 24). Sabemos lo que significaba: a quien te quita algo, tú le quitas lo mismo. De hecho, era un gran paso adelante, porque evitaba represalias peores: si alguien te hizo mal, se lo devolverás pagando con la misma moneda, no podrás hacerle algo peor. Acabar las disputas en tablas era un paso adelante. Sin embargo, Jesús va más lejos, mucho más lejos: «Pero yo os digo que no os opongáis a los malvados» (Mateo 5, 39). Pero ¿cómo, Señor? Si alguien me hace daño, ¿no puedo pagarle con la misma moneda? «No», dice Jesús: nada de violencia.

Por eso, si queremos ser discípulos de Cristo, si queremos llamarnos cristianos, este es el camino, no hay otro. Amados por Dios, estamos llamados a amar; perdonados, a perdonar; tocados por el amor, a dar amor sin esperar a que otros empiecen; salvados gratuitamente, a no buscar provecho en el bien que hacemos.

La esperanza mantiene viva la vida

Me viene a la memoria el antiguo mito de la caja de Pandora: abrir la caja desencadena muchas desgracias para la historia del mundo. Pocos, sin embargo, recuerdan la última parte de la historia, que deja entrever un rayo de luz: después de que todo el mal haya salido de la caja, un pequeño regalo parece vengarse de todo ese mal. Pandora, la mujer que custodiaba la caja, es la última en verlo: los griegos la llaman *elpìs*, que significa *esperanza*.

Este mito nos explica por qué la esperanza es tan importante para la humanidad.

No es cierto que «mientras hay vida hay esperanza», como se suele decir. Más bien al contrario: es la esperanza la que mantiene viva la vida, la que la protege, la guarda y la hace crecer.

Si los hombres no hubieran cultivado la esperanza, si no se hubieran aferrado a esta virtud, nunca habrían salido de las cavernas y no habrían dejado huella en la historia del mundo. Es lo más divino que puede existir en el corazón humano.

Porque mis tres virtudes,
dice Dios.
Las tres virtudes, criaturas mías.
Niñas hijas mías.
Son también

como mis otras criaturas.
De la raza de los hombres.
La Caridad es una Madre.
Una madre ardiente, toda corazón.
O una hermana mayor
que es como una madre.
La Esperanza
es una niñita de nada.
Que vino al mundo el día de Navidad del año pasado.
Que juega todavía
con el bueno de enero.
Pero esa niñita
atravesará los mundos.
Esa niñita de nada.
Sola, llevando a las otras,
atravesará los mundos concluidos.

[...] La pequeña esperanza avanza entre sus dos hermanas mayores
y ni siquiera se nota...
Singular virtud de la esperanza, singular misterio, esta no es
una virtud como las otras, es una virtud contra las otras.
Se enfrenta a todas las demás. Se enfrenta, por así decirlo.
a las otras, a todas las otras.
Y se enfrenta a ellas. A todas las virtudes. A todos los misterios.
Los supera, por así decirlo; va a contracorriente.
Va a contracorriente con los demás.
No es una esclava, esta niña, es irreductible.
Responde, por así decirlo, a sus hermanas; a todas las virtudes, a todos
los misterios.
Cuando ellas bajan, ella sube,

Cuando todo desciende, ella sola asciende y así lo duplica,
lo multiplica,
lo engrandece hasta el infinito.

CHARLES PÉGUY, *El pórtico del misterio de la segunda virtud*

La Buena Nueva

El último siglo ha sido asolado por dos mortíferas guerras mundiales, ha conocido la amenaza de la guerra nuclear y un gran número de conflictos diversos, mientras que hoy, por desgracia, nos enfrentamos a una terrible guerra mundial *larvada*.

Jesús también vivió en tiempos de violencia. Enseñó que el verdadero campo de batalla, donde se enfrentan la violencia y la paz, es el corazón humano: «Porque de dentro, es decir, del corazón de los hombres, salen las malas intenciones» (Marcos 7, 21). Pero el mensaje de Cristo, frente a esta realidad, ofrece una respuesta radicalmente positiva: predicó incansablemente el amor incondicional de Dios que acoge y perdona y enseñó a sus discípulos a amar a sus enemigos (cfr. Mateo 5, 44) y a poner la otra mejilla (cfr. Mateo 5, 39).

Cuando impidió que los que acusaban a la adúltera la lapidaran (cfr. Juan 8, 1-11) y cuando, la noche antes de morir, dijo a Pedro que volviera a enfundar la espada (cfr. Mateo 26, 52), Jesús trazó el camino de la no violencia, que siguió hasta el final, hasta la cruz, con la que consumó la paz y destruyó la enemistad (cfr. Efesios 2, 14-16).

¡Paz a esta casa!

Al enviar a sus discípulos a una misión, Jesús les dice: «En cualquier casa donde entréis, decid primero: "¡Paz a esta casa!". Si hay un hijo de la paz, vuestra paz descenderá sobre él; si no, descenderá sobre vosotros» (Lucas 10, 5-6).

La casa de la que habla Jesús es cada familia, cada comunidad, cada país, cada continente, en su singularidad y en su historia; es ante todo cada persona, sin distinción ni discriminación. Es también nuestra casa común: el planeta en el que Dios nos ha puesto para habitar y que estamos llamados a velar.

Las tres dimensiones de la paz

La paz es un reto que exige ser superado día tras día, una conversión del corazón y del alma, y tiene tres dimensiones fundamentales:

—*la paz con uno mismo*, rechazando la intransigencia, la cólera y la impaciencia y, como aconsejaba san Francisco de Sales, ejerciendo «un poco de dulzura con uno mismo», para ofrecer «un poco de dulzura a los demás»;

—*la paz con el otro*: el familiar, el amigo, el forastero, el pobre, el que sufre…, atreviéndonos a encontrarnos y a escuchar el mensaje que trae consigo;

—*la paz con la creación*, redescubriendo la grandeza del don de Dios y la parte de responsabilidad que nos corresponde a cada uno, como habitantes del mundo, ciudadanos y actores del futuro.

El amor nos abre a los demás

El amor que se manifestó en la cruz de Cristo y que él nos llama a vivir es la única fuerza que transforma nuestros corazones de piedra en corazones de carne; la única fuerza capaz de transformar nuestros corazones es el amor de Jesús, si nosotros también amamos con ese amor. Y ese amor nos hace capaces de amar a nuestros enemigos y de perdonar a los que nos han ofendido. Quiero que cada uno de vosotros se haga esa pregunta: ¿soy capaz de amar a mis enemigos? Todos tenemos personas que no se llevan bien con nosotros, que están *en nuestra contra*, o alguien que nos ha hecho daño... Preguntémonos: ¿soy capaz de amar a esas personas? Ese hombre, esa mujer, que me ha hecho daño, que me ha ofendido, ¿soy capaz de amarlos? El amor de Jesús nos hace ver al otro como un miembro presente o futuro de la comunidad de amigos de Jesús; nos estimula al diálogo y nos ayuda a escucharnos y a conocernos. El amor nos abre a los demás, convirtiéndose en la base de las relaciones humanas. Nos permite superar las barreras de nuestras propias debilidades y prejuicios. El amor de Jesús en nosotros tiende puentes, enseña nuevos caminos, pone en marcha la dinámica de la fraternidad.

Llamados a soñar juntos

El futuro de nuestras sociedades es un futuro *a color*, enriquecido por la diversidad y las relaciones interculturales. Por ello, hoy debemos aprender a vivir juntos en armonía y en paz. Especialmente querida para mí es la imagen, el día del bautismo, de la Iglesia en Pentecostés, del pueblo de Jerusalén escuchando el anuncio de la salvación inmediatamente después del descenso del Espíritu Santo: «Entre nosotros hay partos, medos, elamitas, habitantes de Mesopotamia, Judea y Capadocia, el Ponto y Asia, Frigia y Panfilia, de Egipto y las zonas de Libia cercanas a Cirene, romanos que residen aquí, judíos y prosélitos, cretenses y árabes, y les oímos proclamar en nuestras lenguas las grandes obras de Dios» (Hechos de los apóstoles 2, 9-11).

Estamos llamados a soñar juntos. No debemos tener miedo a soñar y a hacerlo juntos como una sola humanidad, como compañeros del mismo viaje, como hijos e hijas de esta misma Tierra que es nuestra casa común, todos hermanos y hermanas.

> La persona que más te odia tiene algo bueno en sí misma; y la nación que más odia también tiene algo bueno en sí misma; la raza que más odia también tiene algo bueno en sí misma. Y cuando llegas al punto en que miras el rostro de cada ser humano y ves en él mucho de lo que la religión llama la imagen de Dios, empiezas a amarlo pase lo que pase. Haga lo que haga, ves en él la imagen de Dios.
>
> MARTIN LUTHER KING

De tus manos nace el mañana

Ahora me gustaría pediros que os miréis las manos. Abrid las palmas, miradlas fijamente. Amigos, Dios ha puesto en vuestras manos el don de la vida y el futuro de la sociedad. Hermano, hermana, ¿vuestras manos os parecen pequeñas y débiles, vacías e inadecuadas para tan grandes tareas? Me gustaría señalaros algo: todas las manos son parecidas, pero no hay dos iguales; nadie tiene unas manos como las vuestras, por eso sois un tesoro único, irrepetible e inimitable. Nadie en la historia os puede sustituir. Preguntaos entonces: ¿para qué sirven estas manos mías? ¿Para construir o para destruir, para dar o para acaparar, para amar o para odiar? Mirad, se puede estrechar la mano y cerrarla, y se convierte en un puño; o se puede abrir y ponerla a disposición de Dios y de los demás. Ahí está la elección fundamental, desde la antigüedad, desde Abel, que ofreció generosamente el fruto de su trabajo, mientras que Caín «levantó la mano contra su hermano [...] y lo mató» (Génesis 4, 8). De tus manos nace el mañana, de tus manos puede venir la paz.

Reconocer en el enemigo a un hermano

La paz es un bien precioso al que aspira toda la humanidad. Esperar la paz es una actitud humana y, por tanto, es la esperanza la que nos pone en camino, la que nos da alas para avanzar, incluso cuando los obstáculos parecen insuperables.

La paz es un camino que recorremos juntos, buscando siempre el bien común y esforzándonos por cumplir nuestra palabra y respetar la ley. En el amor mutuo también puede crecer el conocimiento y la estima del otro, hasta el punto de reconocer en el enemigo el rostro de un hermano.

El proceso de paz es, por tanto, un compromiso duradero. Es una búsqueda paciente de la verdad y la justicia, que honra la memoria de las víctimas y se abre, paso a paso, a una esperanza común, más fuerte que la venganza.

Estamos llamados a encontrar en el fondo de nuestro corazón la fuerza del perdón y la capacidad de reconocernos como hermanos y hermanas.

Las palabras adecuadas para construir la paz

La comunicación tiene el poder de tender puentes, de favorecer el encuentro y la inclusión, enriqueciendo así la sociedad. ¡Qué hermoso es ver a la gente elegir cuidadosamente las palabras y los gestos para superar malentendidos, sanar la memoria herida y construir la paz y la armonía! Las palabras pueden tender puentes entre las personas, las familias, los grupos sociales, los pueblos. Y esto tanto en el entorno físico como en el digital. Por tanto, que las palabras y las acciones nos ayuden a salir de los círculos viciosos de la condena y la venganza, que siguen atrapando a personas y naciones y que conducen a expresiones de odio. La palabra del cristiano, en cambio, pretende hacer crecer la comunión e incluso cuando debe condenar enérgicamente el mal, trata de no romper nunca la relación y la comunicación.

La misericordia bendice a quien la da y a quien la recibe

Quisiera, pues, invitar a todas las personas de buena voluntad a redescubrir el poder de la misericordia para sanar las relaciones desgarradas y restablecer la paz y la armonía entre las familias y en las comunidades. Todos sabemos que las viejas heridas y los resentimientos reprimidos pueden atrapar a las personas e impedir que se comuniquen y reconcilien. Y esto vale también para las relaciones entre los pueblos. En todos estos casos, la misericordia es capaz de activar una nueva forma de hablar y de dialogar, como tan elocuentemente lo expresó Shakespeare: «La misericordia no es una obligación. Desciende del cielo como la lluvia refrescante sobre la tierra. Es una bendición doble: bendice a quien la da y a quien la recibe» (*El mercader de Venecia*, Acto IV, Escena I).

Y nosotros... ¿lo lograremos?

Jesús, con su amor sin límites, eleva el listón de nuestra humanidad. Al final, podemos preguntarnos: «Y nosotros... ¿lo lograremos?». Si la meta fuera imposible, el Señor no nos habría pedido que la alcanzáramos. Pero tan solo es difícil; es una gracia que hay que pedir. Pide a Dios la fuerza para amar, dile: «Señor, ayúdame a amar, enséñame a perdonar. Solo no puedo, te necesito». Y también hay que pedir la gracia de ver a los demás no como obstáculos y complicaciones, sino como hermanos y hermanas a los que hay que amar.

Muy a menudo pedimos ayuda y gracias para nosotros mismos, pero ¡qué poco pedimos para saber amar! No pedimos lo suficiente para saber vivir el corazón del Evangelio, para ser verdaderamente cristianos. Pero, como decía san Juan de la Cruz, «en el atardecer de la vida seremos juzgados por el amor». Elijamos hoy el amor, aunque cueste, aunque vaya a contracorriente. No nos dejemos condicionar por el pensamiento común, no nos conformemos con medias tintas. Aceptemos el desafío de Jesús, el desafío de la caridad. Seremos verdaderos cristianos y el mundo será más humano.

> Sin embargo, frente a la opresión, el saqueo y el abandono, nuestra respuesta es la vida. Ni los diluvios ni las pestes, ni las hambrunas ni los cataclismos, ni siquiera las guerras eternas a través de los siglos y los siglos han conseguido reducir la ventaja tenaz de la vida sobre la muerte. Una ventaja que aumenta y se acelera (...)
>
> Ante esta realidad sobrecogedora que a través de todo el tiempo humano debió de parecer una utopía, los inventores de fábulas que todo lo creemos, nos sentimos con el derecho de creer que todavía no es demasiado tarde para emprender la creación de la utopía contraria. Una nueva y arrasadora utopía de la vida, donde nadie pueda decidir por otros hasta la forma de morir, donde de veras sea cierto el amor y sea posible la felicidad, y donde las estirpes condenadas a cien años de soledad tengan por fin y para siempre una segunda oportunidad sobre la tierra.
>
> GABRIEL GARCÍA MÁRQUEZ, *Discurso de aceptación del Premio Nobel de Literatura*, 1982

VII

El amor que sana

El Dios de las nuevas oportunidades

El amor de Dios es un amor que no impone y no aplasta, un amor que no margina y no hace callar y no calla, un amor que no humilla y no subyuga. Es el amor del Señor, un amor cotidiano, honesto y respetuoso, un amor de y por la libertad, un amor que sana y eleva. Es el amor del Señor, que es más de levantarse que de caerse, de reconciliación que de prohibición, de nuevas oportunidades que de condenas, de futuro que de pasado.

Cada uno de nosotros es el hijo pródigo

Las tres parábolas de la misericordia (cfr. Lucas 15) hablan de la oveja extraviada, la moneda perdida y *el hijo pródigo*. En estas tres parábolas nos llama la atención la alegría de Dios, la alegría que siente cuando encuentra al pecador y lo perdona. He aquí el resumen de todo el Evangelio.

Cada uno de nosotros es esa oveja extraviada, esa moneda perdida; cada uno de nosotros es ese hijo que ha dilapidado su libertad siguiendo falsos ídolos, espejismos de felicidad y lo ha perdido todo.

Pero Dios no nos olvida, el Padre nunca nos abandona. Es un padre paciente, que siempre nos espera. Respeta nuestra libertad, pero permanece fiel. Y cuando volvemos a él nos acoge como hijos, en su casa, porque nunca, ni por un momento, deja de esperarnos con amor. Y su corazón está de fiesta por cada hijo que vuelve. Y está de fiesta su corazón porque se llena de alegría cuando uno de nosotros, pecadores, va hacia él y le pide perdón.

Podemos equivocarnos

A menudo hemos tenido esta experiencia: elegir algo que nos parecía bueno y, sin embargo, no lo era. O saber cuál era nuestro verdadero bien y no elegirlo. El hombre, a diferencia de los animales, puede equivocarse, puede no querer elegir correctamente. Dios da al hombre una instrucción precisa: si quieres vivir, si quieres disfrutar de la vida, recuerda que eres una criatura, que no eres juez del bien y del mal, y que las elecciones que hagas tendrán consecuencias para ti, para los demás y para el mundo (cfr. Génesis 2, 16-17); puedes hacer de la tierra un hermoso jardín o puedes convertirla en un desierto de muerte. Una lección fundamental: no es casualidad que sea el primer diálogo entre Dios y el hombre.

Nos convertimos en lo que elegimos

Nos convertimos en lo que elegimos, para bien o para mal. Si elegimos robar, nos convertimos en ladrones; si elegimos pensar en nosotros mismos, nos convertimos en egoístas; si elegimos odiar, nos convertimos en iracundos; si elegimos pasar horas delante del móvil, nos convertimos en dependientes. Pero si elegimos a Dios, cada día somos más amados, y si elegimos amar, seremos felices. Esto es así, porque *la belleza de las opciones depende del amor*, no lo olvidéis. Jesús sabe que, si vivimos cerrados e indiferentes, nos quedamos paralizados, pero si nos entregamos a los demás, seremos libres.

El Señor de la vida nos quiere llenos de vida y nos da el secreto de la vida, que es también una regla: solo se posee dándola.

Ahora y eternamente, la vida solo se posee dándola.

Él nos espera siempre

La misericordia de Dios es muy concreta y todos estamos llamados a experimentarla de primera mano.

Cuando tenía diecisiete años, un día que salía con mis amigos, decidí ir antes a la iglesia. Allí encontré a un sacerdote que me inspiró una confianza especial y sentí el deseo de abrir mi corazón en confesión. Aquel encuentro cambió mi vida. Descubrí que cuando abrimos nuestro corazón con humildad y transparencia podemos contemplar la misericordia de Dios de un modo muy concreto. Nosotros le buscamos, pero él siempre se nos anticipa, siempre nos ha estado buscando y nos encuentra primero. Tal vez alguno de vosotros tenga una carga en el corazón y piense: «He hecho esto, he hecho lo otro…». ¡No temáis! Él os espera. Él es Padre: ¡nos espera siempre!

Mi hijo me pidió que le llevara a la iglesia «para ver si Dios estaba allí». Entonces tenía ocho o nueve años, así que le puse una pajarita y nos fuimos.

De verdad: me sentía enajenada y extraña al ir a misa; una mujer divorciada, exdrogadicta, en medio de todas esas familias estiradas. No conocía las reglas: cuándo levantarme y qué decir. Mi hijo fue a la escuela dominical y yo me sentaba atrás, con un montón de deberes que corregir (soy profesora) y un poco de leche.

Y entonces ocurrió lo más extraño. Durante la oración de los fieles la gente empezó a recitar sus intenciones. Yo estaba bastante atrás y no podía ver ningún rostro, pero podía oír todas las voces. Una joven con voz temblorosa dijo: «Por la operación de cáncer de nuestro hijo» y la congregación respondió: «Señor, ten piedad». Desde el banco de atrás, la mano de una mujer se posó en el hombro de aquella madre y se me hizo un nudo en la garganta. Un anciano rezó, dando gracias porque su nieta había regresado sana y salva de una misión en El Salvador, y un caballero al otro lado del pasillo le hizo un gesto con el pulgar. Al escuchar las sencillas esperanzas y temores de aquellas personas sentí cómo se disolvía la dura coraza que rodeaba mi corazón. Escuché pequeños retazos de historias bellas y nobles, contadas por personas que aún no conocía.

No fueron las historias extraordinarias de la liturgia las que me llamaron la atención —esas llegaron muchos años después—. Eran los corazones amorosos de las personas que se extendían hacia sus semejantes y, al final, hacia mi hijo y hacia mí. Sus historias me llevaron a las Escrituras y, finalmente, al bautismo. Ahora el Espíritu Santo ha reescrito mi historia.

Mary Karr, *L'Osservatore Romano*, 25 de marzo de 2020

El falso alivio de culpar a los demás

Para poder perdonar necesitamos pasar por la experiencia liberadora de comprendernos y perdonarnos a nosotros mismos. Muchas veces, nuestros errores, o la mirada crítica de nuestros seres queridos, nos han hecho perder el afecto por nosotros mismos. Esto nos lleva, finalmente, a apartar la mirada de los demás, a rehuir el afecto, a llenarnos de miedos en las relaciones interpersonales. De este modo, culpar a los demás se convierte en un falso alivio. Es necesario rezar con la propia historia, aceptarse a uno mismo, ser capaz de vivir con las propias limitaciones, y también perdonarse, para tener esa misma actitud con los demás.

Abraza tu fragilidad

El Maligno nos hace mirar negativamente nuestra fragilidad; el Espíritu, al contrario, la saca a la luz con ternura. La ternura es la mejor manera de tocar lo que hay de frágil en nosotros. Señalar con el dedo y juzgar a los demás son a menudo signos de nuestra incapacidad para aceptar nuestra propia debilidad, nuestra fragilidad. Solo la ternura nos salvará de la obra del Acusador (cfr. Apocalipsis 12, 10). La verdad de Dios sale a nuestro encuentro, nos devuelve la dignidad, nos pone en pie, se alegra por nosotros, porque «este hijo mío estaba muerto y ha vuelto a la vida, estaba perdido y ha sido encontrado» (Lucas 15, 24).

No permanezcas prisionero de la vergüenza

Sentir vergüenza, en la vida, a veces es bueno. Si te avergüenzas significa que no aceptas lo que has hecho. La vergüenza es una buena señal, pero como toda señal, te pide que vayas más allá de ella. No permanezcas prisionero de la vergüenza, porque Dios nunca se avergüenza de ti. Te ama allí donde te avergüences de ti mismo. Y te ama siempre.

> Las habitaciones de su habitación daban al jardín y nuestro jardín era sombreado, con árboles viejos; en esos árboles crecían brotes primaverales, los primeros pájaros volaban, piaban y cantaban junto a sus ventanas. Y él los admiraba extasiado y también les pedía perdón: «Pajarillos de Dios, pajarillos alegres, perdonadme porque yo también he pecado ante vosotros». Ninguno de nosotros entendió entonces lo que quería decir, mientras lloraba de alegría: «Sí, había tanta gloria de Dios a mi alrededor: los pájaros, los árboles, los campos, el cielo, solo yo vivía en la vergüenza, solo yo lo deshonraba todo y no me fijaba en absoluto en vuestra belleza y vuestra gloria».
>
> FIÓDOR DOSTOYEVSKI, *Los hermanos Karamázov*

Mirando a través de los ojos del otro

Contar a otra persona, a un compañero espiritual, lo que hemos vivido o lo que buscamos ayuda a *aportar* claridad a nuestro interior, *sacando a la luz los muchos pensamientos* que *nos habitan* y que a menudo nos perturban con sus insistentes estribillos.

Cuántas veces, en momentos oscuros, pensamos: «Lo he estropeado todo, no valgo nada, nadie me comprende, nunca lo conseguiré, estoy condenado al fracaso». Pensamientos falsos y venenosos, que la confrontación con los demás ayuda a *desenmascarar*, para sentirnos amados y valorados por el Señor tal y como somos, capaces de hacer cosas buenas por él. Por eso es muy importante no caminar solo.

Vuélvete hacia Jesús

Este es el momento de decirle a Jesucristo: «Señor, he sido engañado, he huido de tu amor de mil maneras, pero estoy aquí una vez más para renovar mi alianza contigo. Te necesito. Redímeme de nuevo, Señor, acógeme una vez más en tus brazos redentores». ¡Nos hace tanto bien volver a él cuando estamos perdidos!

Insisto una vez más: Dios nunca se cansa de perdonar, somos nosotros los que nos cansamos de pedir su misericordia. Él, que nos invitó a perdonar «setenta veces siete» (Mateo 18, 22) nos da el ejemplo: él da setenta veces siete. Vuelve a cargarnos sobre sus espaldas una y otra vez.

Nadie podrá arrebatarnos la dignidad que nos confiere este amor infinito e inquebrantable.

Conoce nuestros pecados

El amor de Dios es ilimitado: podemos descubrir signos siempre nuevos que indican su atención hacia nosotros y, sobre todo, su voluntad de tendernos la mano y de ir por delante de nosotros. Toda nuestra vida, aunque marcada por la fragilidad del pecado, está puesta bajo la mirada de Dios que nos ama. ¡Cuántas páginas de las Sagradas Escrituras nos hablan de la presencia, la cercanía y la ternura de Dios por cada hombre, especialmente por los pequeños, los pobres y los afligidos! Dios tiene una gran ternura, un gran amor por los pequeños, por los más débiles, por aquellos a los que la sociedad rechaza. Cuanto más necesitados estamos, más se llena de misericordia Su mirada sobre nosotros. Siente por nosotros una piedad compasiva, porque conoce nuestras debilidades. Conoce nuestros pecados y siempre nos perdona.

> Sí, tengo muchas debilidades humanas, muchas miserias humanas. Pero él se rebaja y se sirve de nosotros, de ti y de mí, para ser su amor y su compasión en el mundo, a pesar de nuestros pecados, a pesar de nuestras miserias y defectos. Él depende de nosotros para amar al mundo y demostrarle cuánto lo ama. Si nos ocupamos demasiado de nosotros mismos no nos quedará tiempo para los demás.
>
> MADRE TERESA DE CALCUTA

La maravilla del perdón

Y cuando te sientas decepcionado por lo que has hecho no te pierdas *la maravilla del perdón*. Allí, en el perdón, encuentras el rostro del Padre y la paz del corazón. Allí, él nos restaura, derrama su amor en un abrazo que nos eleva, que desintegra el mal que hemos hecho y vuelve a resplandecer la belleza incontenible que hay en nosotros, que somos sus hijos predilectos.

No dejemos que la pereza, el miedo o la vergüenza nos roben el tesoro del perdón. ¡Dejémonos sorprender por el amor de Dios! Nos redescubriremos a nosotros mismos; no lo que dicen de nosotros o lo que despiertan en nosotros los impulsos del momento; no lo que los eslóganes publicitarios nos quieren hacer creer, sino nuestra verdad más profunda, la verdad que Dios ve, la verdad en la que él cree: la belleza irrepetible que somos.

Déjate amar

Para él eres verdaderamente valioso, no eres insignificante, eres importante, porque eres obra de sus manos. Dios no quiere llevar la cuenta de tus errores y, en todo caso, te ayudará a aprender algo incluso de tus caídas, porque te ama.

Intenta permanecer en silencio por un momento, dejándote amar por él. Esfuérzate por acallar todas las voces y gritos interiores y permanece por un momento en su abrazo de amor.

La misericordia es mayor que cualquier pecado

Después del pecado de Adán y Eva, Dios no quiso dejar a la humanidad sola y a merced del mal. Por eso diseñó y quiso que María fuera santa e inmaculada en el amor (cfr. Efesios 1, 4), para que se convirtiera en la Madre del Redentor del hombre. Ante la gravedad del pecado, Dios responde con la plenitud del perdón. La misericordia siempre es mayor que cualquier pecado y nadie puede poner límites al amor de Dios, que perdona.

¿Cómo amar a mi prójimo?

Podemos preguntarnos: ¿cómo vivo mi fe? ¿Es una cuestión de cálculo, de formalismo o es una cuestión de amor a Dios? ¿Me conformo con no hacer daño, con mantener *la fachada* o intento crecer en el amor a Dios y a los demás? Y de vez en cuando me pongo a prueba con el gran mandamiento de Jesús, me pregunto si amo a mi prójimo como él me ama a mí. Porque quizá somos inflexibles a la hora de juzgar a los demás y nos olvidamos de ser misericordiosos, como Dios lo es con nosotros.

La mansedumbre desenmascara lo absurdo del odio

Durante la Pasión, en su injusto juicio ante el sumo sacerdote, en un momento dado Jesús recibe una bofetada de uno de los guardias. Él le dice al guardia: «Si he hablado mal, muéstrame dónde está el mal. Y si he hablado bien, ¿por qué me pegas?» (Juan 18, 23).

Poner la otra mejilla no significa sufrir en silencio, cediendo ante la injusticia. Jesús denuncia con su pregunta lo que es injusto. Pide cuentas del mal recibido. Pero lo hace sin ira, sin violencia, más bien con *amabilidad*. No quiere provocar *una discusión*, sino *desactivar el resentimiento*: apagar juntos el odio y la injusticia, tratando de recuperar al hermano culpable.

Esto es poner la otra mejilla: la mansedumbre de Jesús es una respuesta más fuerte que la paliza que recibió. Poner la otra mejilla no es la retirada del perdedor, sino la acción de quien tiene mayor fuerza interior. Poner la otra mejilla es vencer el mal con el bien, es abrir una brecha en el corazón del enemigo, desenmascarando lo absurdo de su odio. Y esta actitud no está dictada por el cálculo o el odio, sino por el amor. Es el amor gratuito e inmerecido que recibimos de Jesús el que genera en nuestro corazón un modo de hacer como el suyo, que rechaza toda venganza.

> Merry no podía hablar, pero rompió a llorar de nuevo.
>
> —Perdonadme, señor —dijo al fin—, si he desoído vuestras órdenes y luego no he hecho más, al servicio vuestro, que llorar al despedirnos.
>
> El viejo rey sonrió.
>
> —No te mortifiques. Todo está perdonado. No se recusa un gran corazón.
>
> J. R. R. Tolkien, *El señor de los anillos*, V, VI

La revolución del amor

Este mandato de responder al insulto y al mal con amor ha generado una nueva cultura en el mundo: la cultura de la misericordia, que da origen a una verdadera revolución. Es la revolución del amor, cuyos protagonistas son los mártires de todos los tiempos. Jesús nos asegura que nuestro comportamiento, caracterizado por el amor hacia quienes nos hieren, no será en vano. Dice: «Perdonad y seréis perdonados. Dad y se os dará [...], porque con la medida con que midáis, se os medirá a vosotros» (vv. 37-38).

Si nuestros corazones se abren a la misericordia, si sellamos el perdón con un abrazo fraterno y estrechamos los lazos de la comunión, proclamamos ante el mundo que es posible vencer al mal con el bien.

La crisis del buen hermano

La parábola del hijo pródigo (cfr. Lucas 15, 11-32) nos lleva al corazón de Dios, que siempre perdona con compasión y ternura. Nos dice que Dios es Padre, que no solo acoge, sino que se alegra y regocija por su hijo, que ha vuelto a casa después de dilapidar todos sus bienes. Nosotros somos ese hijo y nos conmueve pensar cuánto nos ama y nos espera siempre el Padre.

Pero en la misma parábola está también el hijo mayor, que entra en crisis ante este padre. Su crisis puede ser la nuestra. De hecho, dentro de nosotros también está ese hijo mayor y, al menos en parte, estamos tentados a darle la razón: siempre había cumplido con su deber, nunca se había ido de casa; por eso, se indigna al ver que su padre abraza a su hermano, que se ha portado mal. Protesta y dice: «Hace muchos años que te sirvo y nunca he desobedecido tu mandato, pero, ¡por este hijo tuyo hasta haces una fiesta!» (vv. 29-30). «No te entiendo». Esa es la indignación del hijo mayor, que *no quería entrar*» (v. 28).

Por eso, el padre sale a suplicarle: «Hijo, tú estás siempre conmigo y todo lo mío es tuyo» (v. 31). Intenta hacerle comprender que para él cada hijo es toda su vida. En este punto, el padre abre su corazón al hijo mayor y le expresa dos necesidades, que no son mandatos, sino necesidades del corazón: «Tenías que haberte alegrado y gozado, porque este hermano tuyo estaba muerto y ha vuelto a la vida» (v. 32).

> Pues bien: cuando fui padre comprendí a Dios. Él lo es todo en todas partes, pues la creación es obra suya.
>
> HONORÉ DE BALZAC, *Papá Goriot*

La ternura es más grande que la lógica del mundo

«Cuando aún estaba lejos el padre lo vio y corrió hacia él, se echó en sus brazos y lo besó» (Lucas 15, 20). El hijo esperaba un castigo, esperaba que su padre, como poco, le reservara un lugar entre los criados; en cambio, se ve envuelto en su abrazo.

La ternura es algo más grande que la lógica del mundo. Es una forma inesperada de hacer justicia.

Por eso no debemos olvidar nunca que Dios no se asusta de nuestros pecados, de nuestros errores, de nuestras caídas, pero sí se asusta de la cerrazón de nuestro corazón —que efectivamente le hace sufrir—, se asusta de nuestra falta de fe en su amor. Hay una gran ternura en la experiencia del amor de Dios.

Un paso hacia el amor

Pidamos al Señor que nos haga comprender la ley del amor. ¡Qué bueno es que nos amemos los unos a los otros más allá de todas las cosas! Sí, más allá de todo.

A cada uno de nosotros se dirige la exhortación paulina: «No te dejes vencer por el mal, sino vence con el bien el mal» (Romanos 12, 21). Y de nuevo: «No nos cansemos de hacer el bien» (Gálatas 6, 9).

Todos tenemos gustos y disgustos, y quizá en este mismo momento estemos enfadados con alguien. Digamos, al menos, al Señor: «Señor, estoy enfadado con él, con ella. Ruego por él, por ella».

Rezar por la persona con la que estamos irritados es un buen paso hacia el amor. ¡Hagámoslo hoy! No dejemos que nos roben el ideal del amor fraterno.

Cada momento es valioso para amar

Para cada uno de nosotros, el tiempo en el que podemos acoger la redención es corto: es la duración de nuestra vida en este mundo. Es corto, aunque a veces parezca largo.

Recuerdo que fui a dar la unción de los enfermos a un anciano y me dijo lo siguiente: «Mi vida voló», como diciendo: creía que era eterna, pero... «*Mi vida voló*». Así se sienten los ancianos. La vida ha volado. Y la vida no es solo un don del amor infinito de Dios, sino también un tiempo para verificar nuestro amor por él. Por eso, cada instante, cada momento de nuestra existencia es un tiempo valioso para amar a Dios y amar al prójimo y entrar así en la vida eterna.

Abracemos a la persona que nos ha herido

La paz comienza en las familias, en las relaciones interpersonales e interraciales, en las relaciones entre cristianos y con miembros de otras religiones. La paz comienza en el amor al enemigo, a los que no piensan como nosotros...

El odio parece haberse apoderado del mundo. Pero hay una fuerza más poderosa que el odio, es el poder del amor, «el amor de Dios ha sido derramado en nuestros corazones por el Espíritu Santo que nos ha sido dado» (Romanos 5, 5).

Solos no podemos vencer el odio. Con el Espíritu Santo sí podemos.

Con la fuerza del Espíritu Santo buscamos a la persona que nos ha herido, a la que no amamos y le pedimos perdón. Abracémosla. Así comienza la paz. Poco a poco, paso a paso. La cultura de la paz empieza así. Depende de cada uno de nosotros difundir el amor y superar el odio con nuestras acciones cotidianas. Y nuestros hijos aprenderán a vivirlo y nuestros nietos aprenderán de ellos, y entonces podremos hacer algo para que el mundo cambie.

> «¡Ya ves! —dijo el fraile, en voz baja y grave—. Puede ser castigo, puede ser misericordia. El sentimiento que sentirás ahora por este hombre que te ha ofendido, sí; el mismo sentimiento, Dios, a quien tú también has ofendido, lo tendrá por ti aquel día. Bendícelo y serás bendecido. Durante cuatro días ha estado aquí como lo ves, sin mostrar ningún signo de sentimiento. Tal vez el Señor esté dispuesto a concederle una hora de arrepentimiento; pero él quería que tú le rezaras: tal vez quiere que tú le reces con esa inocencia; tal vez retiene la gracia solo a tu oración, a la oración de un corazón afligido y resignado. Tal vez la salvación de este hombre y la tuya propia dependan ahora de ti, de tu sentimiento de perdón, de compasión… ¡de amor!».
>
> ALESSANDRO MANZONI, *Los novios*, XXXV

Un testimonio

Nacida en Darfur en 1869, santa Josefina Bakhita fue secuestrada por su familia a los siete años y convertida en esclava. Sus captores la llamaban Bakhita, que significa «afortunada». Los sufrimientos físicos y morales que padeció de niña la dejaron sin identidad. Fue víctima de la maldad y la violencia: tenía más de cien cicatrices en el cuerpo. Pero ella misma dijo: «Como esclava nunca me desesperé, porque sentía que una fuerza misteriosa me sostenía».

El perdón nos hace libres

Santa Bakhita, que se hizo cristiana, fue transformada por las palabras de Cristo que meditaba a diario: «Padre, perdónalos porque no saben lo que hacen» (Lucas 23, 34). Por eso dijo: «Si Judas hubiera pedido perdón a Jesús, también él habría encontrado misericordia». Su vida se convirtió en *una parábola existencial del perdón*: perdonar porque así seremos perdonados.

El perdón la hizo libre. El perdón recibido primero a través del amor misericordioso de Dios y luego el perdón otorgado a sus opresores la convirtieron en una mujer libre y alegre, capaz de amar.

Un tesoro precioso

A menudo sucede que una persona herida hiere a su vez; el oprimido se convierte fácilmente en opresor. En cambio, la vocación del oprimido es liberarse a sí mismo y a sus opresores, convirtiéndose en restaurador de la humanidad. Solo en la debilidad del oprimido puede revelarse el poder del amor de Dios, que libera a ambos.

Un día, su tutor le regaló a Bakhita un pequeño crucifijo, y ella, que nunca había poseído nada, lo conservó celosamente como un tesoro precioso. Al contemplarlo experimentaba una liberación interior porque se sentía comprendida y amada y, por tanto, capaz de comprender y amar: ese es el principio. Sentirse comprendida, sentirse amada y, en consecuencia, capaz de comprender y amar a los demás.

Setenta veces siete

Provocado por la pregunta de Pedro sobre cuántas veces es necesario perdonar, Jesús respondió: «No te digo siete veces, sino setenta veces siete» (Mateo 18, 22) y contó la parábola del «siervo despiadado». Este siervo, requerido por su amo para que le devolviera una gran suma, le suplica de rodillas y el amo le perdona la deuda. Inmediatamente después, el siervo se encuentra a su vez con otro siervo que le debía unos céntimos y este le suplica de rodillas que tenga piedad de él. Pero este se niega y lo hace encarcelar. Entonces el amo, enterado del asunto, se enfadó mucho y volvió a llamar al siervo y le dijo: «¿No deberías tú también tener piedad de tu compañero, como yo he tenido piedad de ti?» (Mateo 18, 33). Y Jesús concluye: «Lo mismo hará con vosotros mi Padre celestial si no perdonáis de corazón cada uno de vosotros a su propio hermano» (Mt 18, 35).

A quien poco se le perdona, ama poco

Una vez, invitado a comer por un fariseo, se le acerca a Jesús una mujer conocida por todos como pecadora (cfr. Lucas 7, 36-50).

Ella le rocía los pies de perfume, los lava con sus lágrimas y los seca con sus cabellos (cfr. v. 37-38). Ante la reacción escandalizada del fariseo, Jesús responde: «Se le perdonan sus muchos pecados, porque ha amado mucho. En cambio, a quien se le perdona poco, ama poco» (v. 47).

Solo Dios perdona los pecados, pero también nos pide que estemos dispuestos a perdonar a los demás, como él perdona los nuestros: «Perdona nuestras ofensas, como también nosotros perdonamos a los que nos ofenden» (Mateo 6, 12). ¡Qué triste es cuando nos encerramos en nosotros mismos y no somos capaces de perdonar! El resentimiento, la cólera, la venganza se apoderan de nosotros, amargándonos la vida y frustrando el compromiso gozoso de la misericordia.

La peor esclavitud

Es el amor de Cristo el que nos ha liberado y sigue siendo el amor el que nos libera de la peor esclavitud, la de nuestro yo; por eso la libertad crece con el amor.

Pero cuidado: no con el amor intimista, no con el amor de telenovela, no con la pasión que busca simplemente lo que nos conviene y nos complace, sino con el amor que vemos en Cristo, la caridad: este es el amor verdaderamente libre y liberador.

Es el amor que resplandece en el servicio gratuito, siguiendo el modelo de Jesús, que lava los pies a sus discípulos y dice: «Os he dado ejemplo para que también vosotros hagáis como yo he hecho con vosotros» (Juan 13, 15). Servirnos los unos a los otros.

Hablémonos cara a cara

El Evangelio habla de la corrección fraterna (cfr. Mateo 18, 15-20), que es una de las expresiones más altas del amor. Jesús dice: «Si tu hermano comete una falta contra ti, ve y repréndele a solas» (v. 15). Háblale *cara a cara*, con justicia, para ayudarle a comprender en qué se equivoca. ¿Y si no basta? ¿Y si no entiende? Entonces hay que buscar ayuda. Jesús dice: «Lleva a una o dos personas contigo» (v. 16), personas que realmente quieran ayudar a ese hermano o hermana que ha cometido un error.

¿Y si sigue sin entender? Entonces, dice Jesús, involucra a la comunidad. Pero esto no significa poner a la persona en la picota, avergonzarla públicamente, sino aunar los esfuerzos de todos para ayudarla a cambiar. Señalar con el dedo no ayuda; de hecho, a menudo hace más difícil que quien se ha equivocado reconozca su error. Más bien la comunidad debe hacer sentir que, al tiempo que condena el error, está cerca con la oración y el afecto, siempre dispuesta a ofrecer perdón, comprensión y un nuevo comienzo.

Así pues, preguntémonos: ¿cómo trato a los que se equivocan en mi contra? ¿Le doy vueltas al asunto y acumulo resentimiento? «Me las pagarás», se siente uno tentado a pensar tantas veces. ¿O soy valiente y trato de hablar con él o ella? ¿Rezo por él o ella, pido ayuda para estar a su lado?

Y nuestras comunidades, ¿se hacen cargo de los que caen, para que puedan levantarse y empezar una nueva vida? ¿Señalan con el dedo o abren los brazos? ¿Qué haces tú: señalas con el dedo o abres los brazos?

Nadie puede sentirse excluido

A todos los creyentes, a las mujeres y a los hombres de buena voluntad, les decimos: seamos creativamente artesanos de paz, construyamos la amistad social, hagamos nuestra la cultura del diálogo.

El diálogo leal, perseverante y valiente es el antídoto contra la desconfianza, las divisiones y la violencia. El diálogo disuelve las causas profundas de las guerras, que destruyen el proyecto de fraternidad inscrito en la vocación de la familia humana.

Nadie puede sentirse excluido. Todos somos corresponsables. Todos necesitamos perdonar y ser perdonados. Las injusticias del mundo y de la historia no se curan con el odio y la venganza, sino con el diálogo y el perdón.

Aprende a perdonar

Cuando Dios nos perdona olvida todo el mal que hemos hecho. Alguien solía decir: «Es la enfermedad de Dios». No tiene memoria, es capaz de perder la memoria en estos casos. Dios pierde la memoria de las malas historias de muchos pecadores, de nuestros pecados. Nos perdona y sigue adelante. Solo nos pide: «Haz lo mismo: aprende a perdonar», no te aferres a esa cruz infructuosa del odio, del rencor, del «ya me las pagarás». No es ni cristiano ni humano.

La generosidad de Jesús nos enseña que para entrar en el cielo hay que perdonar.

Abel y Caín se encontraron después de la muerte de Abel. Caminaban por el desierto y se reconocieron desde lejos, porque los dos eran muy altos. Los hermanos se sentaron en la tierra, hicieron un fuego y comieron. Guardaban silencio, a la manera de la gente cansada cuando declina el día. En el cielo asomaba alguna estrella, que aún no había recibido su nombre. A la luz de las llamas, Caín advirtió en la frente de Abel la marca de la piedra y dejó caer el pan que estaba por llevarse a la boca y pidió que le fuera perdonado su crimen.

Abel contestó:

—¿Tú me has matado o yo to he matado? Ya no recuerdo, aquí estamos juntos como antes.

—Ahora sé que en verdad me has perdonado —dijo Caín—; porque olvidar es perdonar. Yo trataré también de olvidar.

Abel dijo despacio:

—Así es. Mientras dura el remordimiento dura la culpa.

JORGE LUIS BORGES, *Elogio de la sombra*

Lo contrario del resentimiento

Si permitimos que un mal sentimiento penetre en nuestras entrañas damos espacio a ese resentimiento que acecha en el corazón.

Lo contrario del resentimiento es el perdón, un perdón basado en una actitud positiva, que intenta comprender la debilidad de la otra persona e intenta excusarla, como dijo Jesús: «Padre, perdónalos porque no saben lo que hacen».

Que no se ponga el sol sobre tu enojo

Jesús afirma que la misericordia no es solo una acción del Padre, sino que se convierte en el criterio para comprender quiénes son sus verdaderos hijos. Estamos llamados a vivir de la misericordia, porque fuimos los primeros en recibir misericordia. El perdón de las ofensas se convierte en la expresión más evidente del amor misericordioso y para nosotros, cristianos, es un imperativo del que no podemos prescindir. ¡Qué difícil parece a menudo perdonar! Sin embargo, el perdón es el instrumento puesto en nuestras frágiles manos para alcanzar la serenidad del corazón. Abandonar el rencor, la ira, la violencia y la venganza son condiciones necesarias para vivir felices. Aceptemos, pues, la exhortación del apóstol: «Que no se ponga el sol sobre tu enojo» (Efesios 4, 26). Y, sobre todo, escuchemos la palabra de Jesús, que puso la misericordia como ideal de vida y criterio de credibilidad de nuestra fe: «Bienaventurados los misericordiosos, porque ellos alcanzarán misericordia» (Mateo 5, 7).

El perdón resucita a una nueva vida

Sin el testimonio del perdón solo queda una vida infecunda y estéril, como si se viviera en un páramo desolado. Ha llegado de nuevo el momento de que la Iglesia retome el anuncio gozoso del perdón. Es el momento de volver a lo esencial, de asumir las debilidades y dificultades de nuestros hermanos y hermanas. El perdón es una fuerza que resucita a una nueva vida e infunde el valor de mirar al futuro con esperanza.

Oxígeno que purifica

Dios perdona de un modo incalculable, sobrepasando toda medida. No podemos pagarle, pero cuando perdonamos a nuestro hermano o hermana, le imitamos. Perdonar no es, pues, una buena acción que se puede hacer o no hacer: perdonar es una condición fundamental para quien es cristiano. Cada uno de nosotros, de hecho, es un *perdonado* o *perdonada*. No lo olvidemos: hemos sido perdonados, Dios dio su vida por nosotros y de ninguna manera podemos compensar su misericordia, que nunca retira de su corazón. Sin embargo, respondiendo a su gratuidad, es decir, perdonándonos unos a otros, podemos dar testimonio de él, sembrando vida nueva a nuestro alrededor. Porque fuera del perdón no hay esperanza; fuera del perdón no hay paz. El perdón es el oxígeno que purifica el aire contaminado por el odio, es el antídoto que cura los venenos del resentimiento, es el camino para desactivar la ira y curar muchas enfermedades del corazón que contaminan la sociedad.

VIII

El amor que abraza

Un amigo que solo pide ser acogido

En este tiempo en que la gratuidad parece desvanecerse en las relaciones interpersonales puesto que todo se vende y todo se compra, los cristianos proclamamos a un Dios que no pide nada para ser nuestro amigo, salvo ser acogido. Eso es lo único que pide Jesús: ser acogido. Pensemos en los que viven desesperados porque nunca han encontrado a alguien que les haya mostrado cariño, que los haya consolado, que les haya hecho sentirse valiosos e importantes.

Solo el amor deja espacio al otro

En el calvario tuvo lugar el gran duelo entre Dios que vino a salvarnos y el hombre que quiere salvarse a sí mismo; entre la fe en Dios y el culto al yo; entre el hombre que acusa y Dios que excusa. Y llegó la victoria de Dios, su misericordia ha descendido al mundo. Los brazos de Jesús, abiertos sobre la cruz, marcan el punto de inflexión, porque Dios no señala con el dedo a nadie, sino que abraza a todos. Porque solo el amor apaga el odio, solo el amor vence hasta el final la injusticia. Solo el amor deja espacio al otro. Solo el amor es el camino hacia la plena comunión con el otro.

La fuerza de un abrazo

Abrazar: ¡un verbo precioso! Abrazar ayuda a superar el miedo. Cuando nos abrazan recuperamos la confianza en nosotros mismos y también en la vida. Así que dejémonos abrazar por Jesús. Porque cuando abrazamos a Jesús volvemos a abrazar la esperanza. No se puede abrazar solo la cruz: el dolor no salva a nadie. Es el amor el que transforma el dolor. Por eso, es con Jesús con quien abrazamos la cruz, ¡nunca solos! Si se abraza a Jesús, *renace la alegría*. Y la alegría de Jesús, en el dolor, se transforma en paz.

La puerta estrecha

Alguien pregunta a Jesús: «¿Son pocos los que se salvan?». Y el Señor responde: «Esforzaos por entrar por la puerta estrecha» (Lucas 13, 24). La *puerta estrecha* es una imagen que podría asustarnos, como si la salvación estuviera destinada solo a unos pocos elegidos o a los perfectos. Pero esto contradice lo que Jesús nos enseñó en muchas ocasiones; de hecho, un poco más adelante, dice: «Vendrán de oriente y de occidente, del norte y del sur, y se sentarán a la mesa en el reino de Dios» (v. 29). Así pues, esa puerta es *estrecha*, ¡pero está *abierta a todos*!

Se trata de una puerta estrecha, no porque esté reservada a unos pocos, sino porque ser de Jesús significa comprometer la vida en el amor, en el servicio y la entrega como él, que pasó por la puerta estrecha de la cruz. Entrar en el proyecto de vida que Dios nos propone nos pide achicar el espacio del ego, reducir la presunción de autosuficiencia, bajar de las alturas del orgullo y la soberbia, y vencer la pereza para cruzar el riesgo del amor.

> El carácter de la compasión es que no está forzada; se extiende como la dulce lluvia del cielo y produce una doble felicidad: la felicidad del que la da y la felicidad del que la recibe. Está en el poder, el mayor poder, y le sienta mejor al monarca en el trono que su corona. Su cetro muestra la fuerza de su autoridad temporal; es atributo de veneración y majestad, pero la misericordia está por encima del poder unido al cetro y tiene su trono en el corazón de los reyes. La misericordia es una de las dotes de Dios y los poderes de la tierra son tanto más vivificados por Dios cuanto más saben unir la misericordia a la justicia.
>
> William Shakespeare, *El mercader de Venecia*, Acto IV, Escena I

Una vida entregada al amor

Pensemos en los gestos cotidianos de amor que realizamos con esfuerzo; pensemos en los padres que se dedican a sus hijos haciendo sacrificios y renunciando al mismo tiempo a sí mismos; en los que se preocupan por los demás y no solo por sus propios intereses; pensemos en los que se entregan al servicio de los ancianos, los más pobres y los más frágiles; pensemos en quienes siguen trabajando con empeño, soportando dificultades e incluso incomprensiones; pensemos en quienes sufren a causa de su fe, pero siguen rezando y amando; pensemos en quienes, en lugar de seguir sus instintos, responden al mal con el bien, encuentran la fuerza para perdonar y el valor para volver a empezar. Estos son solo algunos ejemplos de personas que no eligen la puerta ancha de su propia comodidad, sino la puerta estrecha de Jesús, de una vida entregada al amor.

Aprendamos a desactivar

Jesús es realista: sabe que dentro de nuestras relaciones hay una lucha diaria entre el amor y el odio, y que también dentro de nosotros, cada día, hay un choque entre la luz y las tinieblas, entre muchas buenas intenciones y deseos y esa fragilidad pecaminosa que muchas veces se impone y nos arrastra a las obras del mal. Sabe también que experimentamos cómo, a pesar de tantos esfuerzos generosos, no siempre recibimos el bien que esperamos y, de hecho, a veces sufrimos incomprensiblemente el mal.

Habrá roces, habrá momentos de tensión, habrá conflictos, diferencias de puntos de vista, pero los que siguen al Príncipe de la Paz deben luchar siempre por la paz. Y la paz no puede restablecerse si a una mala palabra se responde con otra aún peor, si a una bofetada le sigue otra: no, lo que hace falta es *desactivar*, romper la cadena del mal, romper la espiral de la violencia, dejar de guardar rencor, dejar de quejarse y de compadecerse. Es necesario permanecer en el amor, siempre.

Dame de beber

Uno de los encuentros más hermosos y fascinantes de Jesús es el que tiene con la mujer samaritana (cfr. Juan 4, 5-42). Jesús y sus discípulos se detienen junto a un pozo de Samaria. Llega una mujer y Jesús le dice: «Dame de beber» (v. 8).

Estas palabras no son solo la petición de Jesús a la samaritana, sino un llamamiento —a veces silencioso— que nos alcanza cada día y nos pide que *nos ocupemos de la sed de los demás*.

Y entonces, como la samaritana, que dejó el pozo y fue a llamar a la gente del pueblo (cfr. v. 28), tampoco nosotros pensaremos ya solo en calmar nuestra sed, nuestra sed material, intelectual o cultural. (cfr. v.28), sino que, con la alegría de haber encontrado al Señor, podremos saciar la sed de los demás: dar sentido a la vida de los demás, no como amos, sino como servidores de esta Palabra de Dios que nos vuelve sedientos, que nos produce sed de continuo; podremos comprender su sed y compartir el amor que él nos ha dado.

> Hete aquí que tú estabas dentro de mí y yo estaba fuera: fuera de mí te buscaba, e informe en mi impetuosidad me arrojaba sobre esas bellas formas que tú dabas a las cosas. Tú estabas con-

migo, yo no estaba contigo. Las cosas me alejaban, esas cosas que no estarían si no fueran en ti. Me llamaste y tu grito laceró mi sordera; diste señales de luz y tu resplandor disipó mi ceguera; te derramaste en esencia fragante y te aspiré y me falta el aliento si me faltas; conocí tu sabor y ahora tengo hambre y sed; me tocaste y me incendió tu paz.

SAN AGUSTÍN, *Confesiones*, X, 27, 38

¡Cuántos rostros luminosos a nuestro alrededor!

Estando cerca de Jesús aprendemos a reconocer en su rostro la belleza radiante del amor que se entrega, incluso cuando lleva las marcas de la cruz. Y es en su escuela donde aprendemos a ver la misma belleza en los rostros de las personas que caminan a nuestro lado cada día: familiares, amigos, compañeros, los que nos cuidan. ¡Cuántos rostros luminosos, cuántas sonrisas, cuántas arrugas, cuántas lágrimas y cicatrices hablan de amor a nuestro alrededor! Aprendamos a reconocerlos y llenemos de ellos nuestro corazón. Y luego pongámonos en camino, para llevar a los demás la luz que hemos recibido, con obras concretas de amor (cfr. 1 Juan 3, 18), sumergiéndonos con más generosidad en nuestras tareas cotidianas, amando, sirviendo y perdonando con más entusiasmo y disposición. La contemplación de las maravillas de Dios, la contemplación del rostro de Dios, del rostro del Señor, debe impulsarnos al servicio de los demás.

¿Reconocemos la luz del amor de Dios en nuestras vidas?

¿La reconocemos con alegría y gratitud en los rostros de las personas que nos aman? ¿Buscamos a nuestro alrededor signos de esta luz, que llena nuestros corazones y los abre al amor y al servicio? ¿O preferimos las modas pasajeras de los ídolos, que nos alienan y nos encierran en nosotros mismos?

> Ahí está lo importante de la vida: haber visto algo una vez, haber sentido algo tan grande, tan magnífico que todo lo demás no es nada en comparación con ello; y aunque olvides todo lo demás eso no lo olvidarás jamás.
>
> SØREN KIERKEGAARD, *Diario* 1837, II

Estad atentos

Jesús se dirige a los discípulos para tranquilizarlos de todo temor e invitarlos a la vigilancia: «No temáis, pequeño rebaño» (Lucas 12, 32), les dice, y también: «Estad atentos» (v. 35).

Jesús anima a los discípulos hablándoles del cuidado amoroso y providente del Padre, que cuida de los lirios del campo y de las aves del cielo y, por tanto, con mayor razón de sus hijos. Así pues, no hay que inquietarse ni preocuparse: nuestra historia está firmemente en manos de Dios.

Nos anima esta invitación de Jesús a no tener miedo. A veces, en efecto, nos sentimos prisioneros de un sentimiento de desconfianza y ansiedad: es el miedo a no lograr algo, a no ser reconocidos y amados, el miedo a no poder realizar nuestros proyectos, a no ser felices. Jesús, en cambio, nos tranquiliza:

¡No tengáis miedo! Confía en el Padre, que quiere darte todo lo que realmente necesitas. Él ya te ha dado a su Hijo, su Reino, y te acompañará siempre con su providencia, cuidando de ti cada día.

Pero saber que el Señor vela amorosamente por nosotros no nos da derecho a dormirnos, a dejarnos llevar por la pereza. Al contrario, debemos estar despiertos, vigilantes. Porque amar significa estar atentos a los demás, estar atentos a sus necesidades, estar dispuestos a escuchar y a acoger, estar preparados.

Siempre hay un horizonte

Grandes misioneros como Daniel Comboni y la Madre Cabrini vivieron su misión sintiéndose animados e *impulsados* por el amor de Cristo. Y este *impulso* les permitió *salir* e *ir más allá*: no solo más allá de los límites y fronteras geográficas, sino ante todo más allá de sus propios límites personales. Este es un lema que debe resonar en el corazón: ir más allá, mirando siempre al horizonte. Porque siempre hay un horizonte.

El empuje del Espíritu Santo es el que nos hace salir de nosotros mismos, de nuestras cerrazones, de nuestro ensimismamiento, y nos hace ir hacia los demás, hacia las periferias, donde la sed de Evangelio es mayor.

Apartarse

Después de haber bautizado a Jesús en el río Jordán, Juan el Bautista pronuncia estas palabras: «He aquí aquel de quien dije: después de mí viene un hombre que se me ha adelantado, porque fue antes que yo» (Juan 1, 29-30). Juan, cumplida su misión, sabe apartarse, se retira de la escena para dejar paso a Jesús. De profeta pasa a ser discípulo. Predica a la gente, reúne discípulos y los forma durante mucho tiempo. Sin embargo, no ata a nadie a su persona. No está interesado en tener seguidores para sí mismo, en ganar prestigio y éxito, sino que ofrece testimonio y luego da un paso atrás, para que muchos tengan la alegría de encontrarse con Jesús. Podríamos decir: abre la puerta y se va.

Juan Bautista nos enseña a cuidar de los demás sin beneficio propio, sin segundas intenciones, sin esperar nada a cambio. Nos hará bien cultivar, como Juan, la virtud de apartarnos en el momento oportuno, testimoniando que el punto de referencia en la vida es Jesús. Apartarse, aprender a despedirse.

Pensemos en lo importante que es esto para los padres, que educan a sus hijos con muchos sacrificios, pero luego tienen que dejarlos libres para que sigan su propio camino, para que crezcan. Y lo mismo ocurre en la amistad, en la vida de pareja, en la vida comunitaria.

Intentemos preguntarnos: ¿somos capaces de dejar sitio a los demás? ¿De escucharlos, de dejarlos hablar, de no atarlos a nosotros exigiéndoles reconocimiento? ¿Nos alegramos de que la gente siga su propio camino y su propia vocación, aunque ello implique un cierto distanciamiento de nosotros? ¿Nos alegramos de sus logros, sinceramente y sin envidia? Esto es dejar crecer a los demás.

A todo el mundo le falta algo

Compartir con los demás tiene un aspecto importante: de hecho, todos —incluso los más pobres— tienen algo que pueden dar. También es cierto lo contrario, es decir, que a todos —incluso los más ricos— les falta algo y, por tanto, necesitan los dones de los demás. Aceptar algo es a veces más difícil que darlo, pues implica admitir la propia imperfección. Pedro tuvo que aprender por las malas a aceptar el servicio de su maestro durante el lavatorio de los pies. Pidamos también nosotros humildad para poder aceptar algo de los demás.

Tuve hambre y me disteis de comer

«Cuando el Hijo del hombre venga en su gloria, [...] dirá a los de su derecha: "Venid, benditos de mi Padre, heredad el reino preparado para vosotros desde la creación del mundo, porque tuve hambre y me disteis de comer, tuve sed y me disteis de beber, fui forastero y me acogisteis, estuve desnudo y me vestisteis, enfermo y me visitasteis, estuve en la cárcel y vinisteis a mi encuentro". Entonces los justos le responderán: "Señor, ¿cuándo te vimos hambriento y te dimos de comer, o sediento y te dimos de beber? ¿Cuándo te vimos forastero y te acogimos, o desnudo y te vestimos? ¿Cuándo te vimos enfermo o en la cárcel y fuimos a visitarte?". Y el Rey les responderá: "En verdad os digo que cuanto hicisteis a uno de estos hermanos míos más pequeños, me lo hicisteis a mí"» (Mateo 25, 31-40).

En esta parábola evangélica el amor se concreta en dar de comer y beber; es la acción de vestir y acoger; es el tiempo de visita; es el acto de hospitalidad.

¿Cuánto tiempo dedicamos a este amor, que es servicio (cfr. Juan 13, 4-5)? ¿A atender la sed, la desnudez, la enfermedad y las cárceles de los que nos rodean? Quizá demasiado poco, porque estamos pendientes de nuestras cosas, de nuestro trabajo, de nuestros intereses.

En cambio, el amor de quien se hace siervo, tan humilde, oculto, pequeño y silencioso, es la semilla de la que brota y crece el árbol más grande y en el que todos desean habitar (cfr. Mateo 13, 32): el árbol de la vida eterna (cfr. Génesis 2, 9).

Jesús, por lo tanto, nos aclara que, al final de la vida, seremos juzgados por lo mucho que le hayamos amado concretamente, al ir al encuentro de los demás y amándolos. Nos revela que todo gesto de cuidado hacia el enfermo, el doliente, el sediento, el desnudo, etc., es un acto de amor hacia él; y, asimismo, lo que nos negamos a hacer a nuestro prójimo, se lo negamos a él mismo. Para construir un mundo más justo no hay otro camino que el del Evangelio; y estamos llamados a comenzar por nosotros, practicando la caridad allí donde vivimos.

Encerrado entre cosas mortales
(Aun el cielo estrellado acabará)
¿Por qué anhelo a Dios?

GIUSEPPE UNGARETTI, *Maldición*

Escuchar con los oídos del corazón

«*Shema' Israel*, escucha, Israel» (Deuteronomio 6, 4), el íncipit del primer mandamiento de la Torá, se vuelve a proponer continuamente en la Biblia, hasta el punto de que san Pablo afirmaría que «la fe viene de la escucha» (Romanos 10, 17). La iniciativa, en efecto, es de Dios que nos habla, al que respondemos escuchándole; y esta escucha, al fin y al cabo, procede también de su gracia, como sucede con el recién nacido que responde a la mirada y a la voz de su madre y de su padre.

Escuchar corresponde al estilo humilde de Dios. Es esa acción que permite a Dios revelarse como aquel que, hablando, crea al hombre a su imagen, y escuchando, lo reconoce como su interlocutor. Dios ama al hombre: por eso le dirige la palabra, por eso *ofrece su oído* para escucharle.

Por una parte, pues, está Dios, que se comunica siempre gratuitamente y, por otra, el hombre al que se le pide que sintonice, que escuche. El Señor llama explícitamente al hombre a una alianza de amor, para que llegue a ser plenamente lo que es: imagen y semejanza de Dios en su capacidad de escuchar, de acoger, de dar espacio al otro. Escuchar, al fin y al cabo, es una dimensión del amor y la verdadera sede de la escucha es el corazón.

El rey Salomón pidió al Señor que le concediera «un corazón que escucha» (1 Reyes 3, 9); san Agustín pedía «escuchar con el corazón» y san Francisco de Asís exhortaba a sus hermanos a «inclinar el oído del corazón».

Significabas todo, tú, en mi destino.
Luego vino la guerra, la ruina,
y por mucho tiempo de ti, por mucho tiempo,
ni un gesto, ni una palabra.
Y después de muchos años, muchos años,
tu voz volvió a inquietarme.
Toda la noche leí tus preceptos
recuperándome como de un desmayo.
Quiero ir entre la gente, en la multitud,
en la animación de la mañana.
Estoy listo para hacerlo saltar todo en pedazos
y ponerlos a todos de rodillas.
Y me apresuro a bajar las escaleras
como si fuera la primera vez
en estas calles cubiertas de nieve
y en las aceras despobladas
en todas partes se levanta, se enciende, se calienta,
se toma el té, se apresura en los tranvías.
En el transcurso de unos breves instantes
la ciudad cambia completamente de aspecto.
En los portones la ventisca teje
una red de densos copos
y, para llegar a tiempo, todos se apresuran,
sin terminar sus bebidas y su comida.
Yo por ellos, por todos ellos,
me siento como en su piel,
me derrito como la nieve,
como la mañana frunzo el ceño.
Conmigo, gente sin nombre,
árboles, niños, gente corriente.

Por todos ellos estoy vencido.
Y solo ahí reside mi victoria.

Boris Pasternak, *Doctor Zhivago*

Escuchar es más que oír

Hay que practicar el arte de escuchar, que es más que oír. Lo primero en la comunicación con los demás es la capacidad del corazón que hace posible la proximidad, sin la cual no hay verdadero encuentro espiritual. Escuchar nos ayuda a identificar el gesto y la palabra adecuados que nos sacuden de la tranquila condición de espectadores.

Solo desde esta escucha respetuosa y comprensiva podremos encontrar caminos para un auténtico crecimiento, para despertar el deseo del ideal cristiano, el anhelo de responder plenamente al amor de Dios y el anhelo de desarrollar lo mejor de lo que Dios ha sembrado en nuestras vidas.

Hablar con el lenguaje del corazón

La llamada a hablar desde el corazón interpela radicalmente a nuestro tiempo, tan propenso a la indiferencia y a la indignación, a veces incluso sobre la base de la desinformación, que falsea e instrumentaliza la verdad.

Comunicar con cordialidad significa que quienes nos leen o escuchan captan nuestra participación en las alegrías y los temores, en las esperanzas y los sufrimientos de las mujeres y los hombres de nuestro tiempo. Quien habla así ama al otro porque se preocupa por él y aprecia su libertad, sin violarla. Podemos ver este estilo en el misterioso caminante que conversa con los discípulos que se dirigen a Emaús después de la tragedia del Gólgota. A ellos, Jesús resucitado les habla desde el corazón, acompañando respetuosamente el camino de su dolor, proponiendo más que imponiéndose, abriendo amorosamente sus mentes a la comprensión del sentido más profundo de lo sucedido. Ellos, de hecho, pueden exclamar con alegría que el corazón les ardía en el pecho mientras

Él conversaba por el camino y les explicaba las Escrituras (cfr. Lucas 24, 32).

En un periodo histórico marcado por las polarizaciones y los enfrentamientos, el compromiso con una comunicación «abierta de corazón y de brazos abiertos» es responsabilidad de cada uno de nosotros.

> De repente, surgieron en su memoria palabras que había oído y retenido unas horas antes: «¡Dios perdona muchas cosas por una obra de misericordia!». Y no volvieron a él con aquel acento de humilde plegaria con que habían sido pronunciadas, sino con un sonido lleno de autoridad y, al mismo tiempo, induciendo una lejana esperanza. Aquel fue un momento de alivio: levantó las manos de las sienes y, en una actitud más serena, fijó los ojos de su mente en la que había pronunciado aquellas palabras; y la vio, no como su cautiva, suplicante, sino en el acto de quien dispensa gracia y consuelo. Esperaba ansiosamente que llegase el día de liberarla, de oír de su boca otras palabras de aliento y de vida; se imaginaba conduciéndola hasta su madre. «¿Y luego? ¿Qué haré

mañana, el resto del día? ¿Qué haré pasado mañana? ¿Qué haré después de pasado mañana? ¿Y la noche? La noche, que volverá dentro de doce horas. ¡Oh, la noche! No, no, ¡la noche!». Y recayendo en la dolorosa vorágine del futuro, buscó en vano un uso del tiempo, una forma de vivir los días, las noches.

ALESSANDRO MANZONI, *Los novios*, cap. XXII

Flores entre las rocas

José acoge a María sin poner condiciones previas. Confía en las palabras del ángel. Muchas veces, en nuestra vida, suceden acontecimientos cuyo significado no comprendemos. Nuestra primera reacción suele ser de decepción y rebeldía. José deja a un lado sus pensamientos para dar cabida a lo que sucede y, por misterioso que le parezca, lo acepta, se responsabiliza de ello y se reconcilia con su propia historia. Si no nos reconciliamos con nuestra historia ni siquiera podremos dar el siguiente paso, porque siempre seremos rehenes de nuestras expectativas y las consiguientes decepciones.

Tenemos que dejar a un lado la ira y la decepción y hacer sitio, sin ninguna resignación mundana, sino con fuerza esperanzada, a lo que no hemos elegido y, sin embargo, existe. Abrazar la vida de este modo nos introduce en un significado oculto. La vida de cada uno de nosotros puede recomenzar milagrosamente si encontramos el valor de vivirla según lo que nos muestra el Evangelio. Y no importa si ahora todo parece haber tomado un rumbo equivocado y si algunas cosas son ya irreversibles. Dios puede hacer brotar flores entre las rocas. Aunque nuestro corazón nos reproche algo, él «es más grande que nuestro corazón y conoce todas las cosas» (1 Juan 3, 20).

> ¡Esto no es el final! Siento, Babette, que este no es el final. En el Paraíso serás la gran artista que Dios quiso que fueras. ¡Oh! —añadió, y las lágrimas corrían por sus mejillas—, ¡oh, cómo gustarás a los ángeles!
>
> GABRIEL AXEL, *El festín de Babette*, 1987

Un camino que acoge

La vida espiritual que José nos muestra no es un camino que *explica*, sino un camino que *acoge*. Solo en esa aceptación, desde esa reconciliación, podemos percibir también una historia más grande, un sentido más profundo. Parecen hacerse eco de las ardientes palabras de Job, que a la invitación de su mujer a rebelarse contra todo el mal que le sucede, responde: «Si aceptamos el bien de Dios, ¿por qué no hemos de aceptar el mal?» (Job 2, 10).

José no es un hombre pasivamente resignado. El suyo es un protagonismo valiente y fuerte. La aceptación es una vía a través de la cual se manifiesta en nuestra vida el don de la fuerza que nos viene del Espíritu Santo. Solo el Señor puede darnos la fuerza para aceptar la vida tal como es, para dar cabida incluso a esa parte contradictoria, inesperada, decepcionante de la existencia.

Un horizonte siempre nuevo

Si él vive, entonces sí puede estar presente en tu vida, en cada momento, para llenarla de luz. Entonces nunca más habrá soledad ni abandono. Aunque todos se vayan, él estará allí, como ha prometido: «Yo estoy con vosotros todos los días, hasta el fin del mundo» (Mateo 28, 20). Él lo llena todo con su presencia invisible y dondequiera que vayas te estará esperando. Porque no solo ha venido, sino que viene y seguirá viniendo cada día para invitarte a caminar hacia un horizonte siempre nuevo.

Salir de uno mismo y buscar el bien de los demás

Cuando a un encuentro con Dios se le llama éxtasis es porque nos saca de nosotros mismos y nos eleva, capturados por el amor y la belleza de Dios. Pero también podemos salir de nosotros mismos para reconocer la belleza escondida en cada ser humano, su dignidad, su grandeza como imagen de Dios e hijo del Padre. El Espíritu Santo quiere empujarnos a salir de nosotros mismos, a abrazar a los demás con amor y a buscar su bien.

Un corazón de carne

El profeta Ezequiel dijo: «Te quitaré el corazón de piedra y te daré un corazón de carne». Un corazón que ama, un corazón que sufre, un corazón que se alegra con los demás, un corazón lleno de ternura por los que, cargando con las heridas de la vida, se sienten en la periferia de la sociedad.

El amor es la mayor fuerza transformadora de la realidad, porque derriba los muros del egoísmo y tiende puentes sobre las zanjas que nos separan a unos de otros. Y este es el amor que nace de un corazón cambiado, de un corazón de piedra que se transforma en un corazón de carne, en un corazón humano. Y esto se hace por la gracia, la gracia de Jesucristo que todos hemos recibido.

Un testimonio de *rara humanidad*

El barco en el que viaja Pablo está a merced de los elementos. Llevan catorce días en el mar, a la deriva y, puesto que ni el sol ni las estrellas son visibles, los viajeros se sienten desorientados, perdidos. Debajo de ellos el mar choca violentamente contra el barco y temen que se rompa bajo la fuerza de las olas. Desde arriba son azotados por el viento y la lluvia. La fuerza del mar y de la tormenta es terriblemente potente e indiferente al destino de los navegantes. Pero Pablo, que sabe que no es así, toma la palabra. La fe le dice que su vida está en manos de Dios, que resucitó a Jesús de entre los muertos y que le llamó a él, Pablo, para llevar el Evangelio hasta los confines de la tierra. Su fe también le dice que Dios, según lo que Jesús reveló, es un Padre amoroso. Por eso, Pablo se dirige a sus compañeros de viaje e, inspirado por la fe, les anuncia que Dios no permitirá que pierdan ni un pelo de la cabeza.

Esta profecía se cumple cuando el barco encalla en la costa de Malta y todos los pasajeros llegan sanos y salvos a tierra firme. Allí experimentan algo nuevo. En contraste con la violencia brutal del mar tempestuoso reciben el testimonio de la *rara humanidad* de los habitantes de la isla. Este pueblo, ajeno a ellos, está atento a sus necesidades. Les encienden un fuego para calentarse, les ofrecen cobijo de la lluvia y comida. Aunque todavía no han recibido la Buena Nueva de Cristo manifiestan el amor de Dios en actos concretos de bondad.

Oh, reina, a quien Júpiter ha dado fundar una nueva ciudad
y en justicia que frenaras a pueblos soberbios.
Los pobres troyanos, batidos por los vientos de todos los mares,
te suplicamos: aleja el fuego maldito de nuestras naves,
perdona a un pueblo piadoso y vigila de cerca nuestras cosas.
Que no hemos venido a debelar con la espada los Penates
de Libia, ni a llevar a la costa un botín apresado;
no somos de ánimo guerrero ni es de vencidos soberbia tamaña.
Hay un lugar al que llaman los griegos con el nombre de Hesperia,]
una tierra antigua, poderosa en las armas y fértil de suelo,
que habitaron los hombres de Enotria; hoy se dice que sus descendientes]
llaman Italia al pueblo por el nombre de su jefe.
Ese era nuestro rumbo,
cuando de pronto Orión tempestuoso surgió sobre las olas
y nos lanzó a bajíos sin salida y con Austros tenaces del todo
nos dispersó con el agua por encima entre olas y escollos
inaccesibles; unos pocos logramos ganar a nado nuestras playas.
¿Qué clase de hombres es esta y qué patria tan bárbara permite

una costumbre así? Se nos impide la hospitalidad de la playa,
guerras nos levantan y nos prohíben detenernos en la orilla.
Si despreciáis la raza de los hombres y las armas mortales,
temed al menos a los dioses que no olvidan lo bueno y lo malo.

VIRGILIO, *Eneida*, I, 520-543

El bellísimo inacabado

La vida en carne mortal es un bellísimo *inacabado*: como ciertas obras de arte que precisamente en su incompletud tienen un encanto único. Porque la vida aquí abajo es *iniciación*, no plenitud: la vida en la carne mortal es un espacio y un tiempo demasiado pequeños para conservarla intacta y llevar a plenitud la parte más preciosa de nuestra existencia en el tiempo del mundo. La fe, que acepta el anuncio evangélico del Reino de Dios al que estamos destinados, tiene un primer efecto extraordinario, dice Jesús. Nos permite *ver* el Reino de Dios. Llegamos a ser capaces de ver realmente los muchos signos de nuestra esperanza de cumplir lo que, en nuestra vida, lleva el signo del destino de Dios para la eternidad de Dios.

Por maltrecha que esté la nave en que me embarque,
para mí será siempre símbolo de tu arca,
y cualquiera que sea la mar que me devore,
sus ondas me serán símbolo de tu sangre.
Aunque los nubarrones de tu ira
me oscurezcan tu rostro, yo, a través de la máscara,

reconozco tus ojos, que a veces no me miran,
mas yo sé que no pueden despreciarme.
Yo te ofrezco esta isla en sacrificio,
con todos los que amaba y me amaban en ella.
Cuando entre ellos y yo ponga mis mares,
entre tú y mis pecados pon tu mar.
Como corre en invierno la savia de los árboles
a buscar las raíces soterrañas,
así voy yo en mi invierno donde nadie,
sino tú, raíz eterna
del amor verdadero, me conozca.

JOHN DONNE, *Dos himnos*

Sed custodios de los dones de Dios

Es cuidar de la gente, cuidar de todos, de cada persona, con amor, especialmente de los niños, de los ancianos, de los que son más frágiles y que a menudo están en la periferia de nuestro corazón. Es cuidarse los unos a los otros en la familia: los cónyuges se cuidan mutuamente, luego como padres cuidan de sus hijos, y con el tiempo los hijos se convierten también en cuidadores de sus padres. Es el vivir con sinceridad en las amistades, que son una guarda mutua en la confianza, el respeto y la bondad.

Al fin y al cabo, todo está confiado a la custodia del hombre y es una responsabilidad que nos concierne a todos. ¡Sed custodios de los dones de Dios!

Ama a las personas

Trabaja por la paz entre los hombres y no escuches las voces de los que propagan el odio y la división. No escuches esas voces.

Los seres humanos, por muy diferentes que sean entre sí, fueron creados para vivir juntos. En las diferencias, ten paciencia: un día descubrirás que todos son depositarios de un fragmento de verdad.

Ama a las personas. Ámalas una a una. Respeta el camino de cada uno, sea sencillo o tortuoso, porque cada uno tiene su propia historia que contar.

Cada niño que nace es la promesa de una vida que, una vez más, demuestra ser más fuerte que la muerte.

Cada amor que surge es una fuerza de transformación que anhela felicidad.

IX

Por una alegría compartida

El viaje de la vida

«¡Oh Dios! Mi alma tiene sed de ti, mi carne te anhela en una tierra seca, sedienta y sin agua» (Salmos 63, 2). Esta maravillosa invocación acompaña el camino de nuestra vida en medio de los desiertos que estamos llamados a atravesar.

Y es en esta tierra árida donde nos llega una buena noticia: en nuestro camino no estamos solos, nuestras arideces no tienen el poder de hacer nuestras vidas estériles para siempre, el grito de nuestra sed no queda desoído.

Dios Padre envió a su Hijo a darnos el agua viva del Espíritu Santo para saciar nuestras almas (cfr. Juan 4, 10). Y Jesús nos muestra el camino para saciarnos: es el camino del amor, que él recorrió hasta el final, hasta la cruz, y por el que nos llama a seguirle «perdiendo la vida para volverla a encontrar» renovada (cfr. Mateo 16, 24-25).

La sed que habita en nosotros

En primer lugar, estamos llamados a reconocer *la sed que habita en nosotros*. El salmista grita a Dios su propia sed porque su vida se asemeja a un desierto. Y todos nosotros somos *nómadas de Dios*, peregrinos en busca de la felicidad, viajeros sedientos de amor. El desierto evocado por el salmista se refiere, pues, a nuestra vida: somos esa tierra árida que tiene sed de agua límpida, de agua que sacie en profundidad nuestra sed; es nuestro corazón el que anhela descubrir el secreto de la verdadera alegría, aquella que, incluso en medio de la aridez existencial, puede acompañarnos y sostenernos. Sí, llevamos dentro una sed insaciable de felicidad; buscamos un sentido y una dirección para nuestra vida, una motivación para las actividades que realizamos cada día y, sobre todo, tenemos sed de amor, porque solo el amor nos satisface de verdad, nos hace sentir bien, nos abre a la confianza, nos hace saborear la belleza de la vida. La fe cristiana responde a esta sed, la toma en serio, no la quita, no intenta saciarla con paliativos o sucedáneos. No. Porque en esta sed reside nuestro gran misterio: nos abre al Dios vivo, al Dios amor que sale a nuestro encuentro para hacernos sus hijos y hermanos y hermanas entre nosotros.

Un camino en el desierto

Y así llegamos al segundo aspecto: *el amor que nos sacia*. Este es el contenido de la fe cristiana: Dios, que es amor, en su Hijo Jesús se acercó a ti, a mí, a todos nosotros: quiere compartir tu vida, tus fatigas, tus sueños, tu sed de felicidad. Es verdad, a veces nos sentimos como un páramo estéril, árido, sin agua, pero también es verdad que Dios cuida de nosotros y nos ofrece agua cristalina, que sacia la sed, el agua viva del Espíritu, que brota en nosotros y nos renueva, liberándonos del peligro de la sequía. Esta agua nos la da Jesús. Como dice san Agustín: «Si nos reconocemos en el *sediento*, también nos reconoceremos en el *saciado*» (Sobre el Salmo 62, 3). De hecho, si a menudo experimentamos el desierto, la soledad, la fatiga, la esterilidad, no debemos olvidar esto: «Para que no fracasemos en este desierto —añade san Agustín—, Dios nos impregna con el rocío de su palabra. Nos da sed, pero luego viene a saciarla. Dios ha tenido misericordia de nosotros y nos ha abierto un camino en el desierto: nuestro Señor Jesucristo». Y ese es el camino en el desierto de la vida.

La oscuridad del alma

La desolación ha sido definida así: «Oscuridad del alma, turbación interior, impulso hacia las cosas bajas y terrenales, inquietud debida a diversas agitaciones y tentaciones: así el alma se inclina a desconfiar, está sin esperanza y sin amor, y se encuentra aletargada, tibia, triste, como separada de su Creador y Señor» (san Ignacio de Loyola, *Ejercicios Espirituales*, 317). Creo que todos, de un modo u otro, hemos experimentado la desolación. El problema es cómo leerla, porque tiene algo importante que decirnos, y si tenemos prisa por deshacernos de ella, corremos el riesgo de perderla.

Leer la tristeza

A nadie le gustaría estar desolado, triste: eso es cierto. A todos nos gustaría una vida siempre alegre, jovial y feliz. Pero esto, además de no ser posible —porque no es posible—, tampoco sería bueno para nosotros. De hecho, el cambio de una vida orientada al vicio puede partir de una situación de tristeza, de arrepentimiento por lo que uno ha hecho. La etimología de esta palabra, «remordimiento», es muy bella: el remordimiento de conciencia, todos lo conocemos. Remordimiento: literalmente es la conciencia que muerde, que no da paz. Dios toca tu corazón y algo entra en ti, tristeza, remordimiento por algo y es una invitación a iniciar un camino. El hombre de Dios sabe notar en el fondo lo que se mueve en el corazón.

A la tristeza hay que escucharla...

En nuestro tiempo, la tristeza se considera sobre todo negativamente, como un mal del que hay que huir a toda costa y, sin embargo, puede ser una indispensable llamada de atención para la vida, una invitación a explorar paisajes más ricos y fértiles, que la fugacidad y el escapismo no permiten. Santo Tomás llama a la tristeza un *dolor del alma*: como los nervios para el cuerpo, despierta de nuevo la atención sobre un posible peligro o sobre un bien desatendido (cfr. *Suma Teológica*. I-II, q. 36, a. 1). Por eso es indispensable para nuestra salud, nos protege para que no nos hagamos daño a nosotros mismos y a los demás. Sería mucho más grave y peligroso no sentir este sentimiento y seguir adelante. La tristeza funciona a veces como un semáforo: «¡Detente, detente! Está en rojo. Detente».

... pero no debe disuadirnos de hacer el bien

Para quien, en cambio, tiene el deseo de hacer *el bien*, la tristeza es un *obstáculo* con el que el tentador quiere *desanimarnos*. En tal caso, hay que actuar exactamente al revés de lo que se sugiere, decidido a continuar lo que uno se había propuesto (cf. san Ignacio de Loyola, *Ejercicios Espirituales*, 318). Pensemos en el trabajo, el estudio, la oración, una tarea emprendida: si los abandonáramos en cuanto sintiéramos aburrimiento o tristeza, nunca terminaríamos nada. Esta es también una experiencia común con la vida espiritual: el camino hacia el bien, nos recuerda el Evangelio, es estrecho y cuesta arriba, requiere una lucha, una conquista de uno mismo. Me pongo a rezar o me dedico a una buena obra y, curiosamente, justo en ese momento se me ocurren cosas que hacer con urgencia, para no rezar y para no hacer cosas buenas. Todos tenemos esta experiencia. Es importante, para quien quiere servir al Señor, no dejarse llevar por la desolación.

Desgraciadamente, algunas personas deciden abandonar la elección que han hecho, el matrimonio o la vida religiosa, empujadas por la desolación, sin detenerse primero a leer ese estado de ánimo y, sobre todo, sin la ayuda de un guía.

Una sabia regla dice que *no hay* que *hacer cambios cuando uno está desolado*. Será el tiempo posterior, más que el estado de ánimo del momento, el que mostrará la bondad o no de nuestras elecciones.

Rechaza las tentaciones con firmeza

Curiosamente, en el Evangelio, Jesús rechaza las tentaciones con una actitud de firme resolución (cfr. Mateo 3, 14-15; 4, 1-11; 16, 21-23). Las situaciones de prueba le llegan por diversos lados, pero siempre, al encontrar en él esa firmeza, decidido a hacer la voluntad del Padre, fracasan y dejan de obstaculizar el camino.

En la vida espiritual la prueba es un momento importante, la Biblia lo menciona explícitamente y lo dice: «Si vienes a servir al Señor, prepárate para la tentación» (Eclesiástico 2, 1). Si quieres ir por el buen camino, prepárate: habrá obstáculos, habrá tentaciones, habrá momentos de tristeza. Es como cuando un profesor examina a un alumno; si ve que conoce lo esencial de la materia, no insiste: ha pasado la prueba. Pero debe pasar la prueba.

> Al otro lado de la ventana se extendía Moscú, oscura, muda y hambrienta. Sus tiendas estaban vacías y la gente había olvidado incluso la existencia de cosas como la carne de caza y el vodka.
>
> Se dieron cuenta entonces de que solo la vida semejante a la de los que nos rodean, la vida que se sumerge en la vida sin dejar huella, es la verdadera vida; que la felicidad aislada no es felicidad, hasta el punto de que un pato y alcohol, si son únicos en la ciudad, ya ni siquiera parecen pato y alcohol.
>
> BORIS PASTERNAK, *Doctor Zhivago*

La búsqueda de la verdadera felicidad

El Evangelio de Mateo habla de un joven rico que preguntó a Jesús: «¿Qué bien debo hacer para ganar la vida eterna?» (19, 16). Es una pregunta que nos pone ante el Señor. Él fija su mirada en nosotros, nos ama y nos invita: «¡Ven! ¡Sígueme!» (19, 21).

El Evangelio no nos dice el nombre de este joven, lo que sugiere que puede representar a cada uno de nosotros. Además de poseer muchos bienes, parece ser culto y educado, e incluso animado por una sana inquietud que le impulsa a buscar la verdadera felicidad, la vida en la piedad. Por ello, se lanza a la búsqueda de un guía autorizado, creíble y fiable. Encuentra tal autoridad en la persona de Jesucristo que por eso le pregunta: «Mi buen maestro, ¿qué debo hacer para heredar la vida eterna?» (Marcos 10, 17). Pero el joven piensa en obtener un beneficio por sus propias fuerzas. El Señor le responde con otra pregunta: «¿Por qué me llamas bueno? Nadie es bueno sino solo Dios» (v. 18). Así, Jesús le orienta hacia Dios, que es el bien único y supremo, del que procede toda bondad.

Primera etapa: hacer el bien al prójimo

Para ayudarle a acceder a la fuente del bien y de la verdadera felicidad, Jesús le muestra el primer paso que debe dar, que es aprender a hacer el bien al prójimo: «Si quieres entrar en la vida, observa los mandamientos» (Mateo 19, 17). Jesús le devuelve a la vida terrenal y le muestra el camino para heredar la vida eterna, a saber, el amor concreto al prójimo. Pero el joven responde que siempre lo ha hecho y que se ha dado cuenta de que no basta con seguir los preceptos para ser feliz. Entonces Jesús fija en él una mirada llena de amor. Porque reconoce el deseo de plenitud que el joven lleva en su corazón y la sana inquietud que lo impulsa a la búsqueda; por eso siente por él ternura y afecto.

Segunda etapa: de la lógica del *mérito* a la lógica del don

Sin embargo, también comprende cuál es el punto débil de su interlocutor: está demasiado apegado a los muchos bienes materiales que posee. Por eso, el Señor le propone un segundo paso: el de pasar de la lógica del *mérito* a la lógica del don: «Si quieres ser perfecto, anda, vende lo que tienes, dáselo a los pobres y tendrás un tesoro en el cielo» (Mateo 19, 21). Jesús cambia la perspectiva: le invita a no pensar en asegurar el más allá, sino a darlo todo en su vida terrenal, imitando así al Señor. Es una llamada a una mayor maduración, a pasar de los preceptos observados para obtener recompensas al amor gratuito y total. Jesús le pide que deje atrás lo que pesa sobre el corazón y obstaculiza el amor.

Demasiado tener y demasiado querer lo hacen a uno infeliz

Lo que Jesús propone no es tanto un hombre despojado de todo como un hombre libre y rico en relaciones. Si el corazón está atestado de posesiones, el Señor y el prójimo se convierten en una cosa más entre otras. Demasiado tener y demasiado querer ahogan nuestro corazón y nos hacen infelices e incapaces de amar.

Un desierto espiritual que roba la esperanza

¡Cuántas veces parece que las semillas de bondad y esperanza que intentamos sembrar se ven sofocadas por las zarzas del egoísmo, la hostilidad y la injusticia, no solo a nuestro alrededor, sino también en nuestros propios corazones! Nos inquieta la creciente brecha entre ricos y pobres en nuestras sociedades. Observamos signos de la idolatría a la riqueza, el poder y el placer, que se consigue a costa de la vida de las personas. Cerca de nosotros, muchos de nuestros amigos y coetáneos, aunque rodeados de gran prosperidad material, sufren pobreza espiritual, soledad y silenciosa desesperación. Casi parece que Dios hubiera sido eliminado de ese horizonte. Es como si un desierto espiritual se extendiera por el mundo. Afecta también a los jóvenes, robándoles la esperanza y, en demasiados casos, incluso la vida misma.

El Evangelio puede redimir al mundo

Y, no obstante, este es el mundo al que estamos llamados a venir para dar testimonio del Evangelio de la esperanza, el Evangelio de Jesucristo y la promesa de su Reino. En las parábolas Jesús nos enseña que el Reino entra en el mundo de manera humilde y se desarrolla silenciosa y firmemente allí donde es acogido por corazones abiertos a su mensaje de esperanza y salvación. El Evangelio nos enseña que el Espíritu de Jesús puede traer nueva vida al corazón de toda persona y puede transformar toda situación, incluso las aparentemente desesperadas. Jesús puede transformar, ¡puede transformar toda situación!

Este es el mensaje que estamos llamados a compartir en las escuelas, en el mundo del trabajo, en nuestras familias, en las universidades y en nuestras comunidades. Puesto que Jesús resucitó de entre los muertos sabemos que tiene «palabras de vida eterna» (Juan 6, 68) y que su palabra tiene el poder de llegar a todos los corazones, de vencer al mal con el bien y de cambiar y redimir al mundo.

No confiemos en los que apagan el entusiasmo

Os lo aconsejo: no escuchemos a los decepcionados e infelices; no escuchemos a los que recomiendan cínicamente no cultivar la esperanza en la vida; no confiemos en los que apagan el entusiasmo diciendo que ninguna empresa vale el sacrificio de toda una vida; no escuchemos a los *viejos* de corazón que sofocan la euforia de la juventud. ¡Acudamos a los viejos cuyos ojos brillan de esperanza!

Al contrario: cultivemos utopías sanas. Dios quiere que seamos capaces de soñar como él y con él, caminando conscientes de la realidad. Soñar con un mundo distinto.

Y si un sueño se apaga, volver a soñarlo, apoyándose con esperanza en la memoria de los orígenes, en esas brasas que, tal vez después de una vida no tan buena, se esconden bajo las cenizas del primer encuentro con Jesús.

Un corazón cerrado no sabe amar

La humildad, como la caridad, es una virtud esencial para la convivencia en las comunidades cristianas. Los pobres, en este sentido evangélico, aparecen como los que mantienen viva la meta del reino de los cielos, insinuando que se anticipa como germen en la comunidad fraterna, que privilegia el compartir sobre el poseer.

Me gustaría insistir en esto: privilegia el compartir sobre el poseer. Ten siempre el corazón y las manos abiertas, no cerradas. Un corazón cerrado es un corazón estrecho: no sabe amar. Cuando el corazón está *abierto*, sigue el camino del amor.

El corazón del cristiano está lleno de paz

Nunca se ha escuchado hablar de un santo triste o de una santa con rostro grave. Nunca se ha escuchado. Sería un contrasentido. Un cristiano es una persona cuyo corazón está lleno de paz porque sabe depositar su alegría en el Señor incluso cuando pasa por momentos difíciles en la vida. Tener fe no significa no pasar momentos difíciles, sino tener la fuerza para afrontarlos sabiendo que no estamos solos. Y esa es la paz que Dios da a sus hijos.

> Llegaron a la conclusión de que, en efecto, los problemas llegan a menudo porque uno ha dado motivo para ello; pero que la conducta más cauta e inocente no basta para mantenerlos alejados; y que cuando llegan, por culpa de algo o sin culpa, la confianza en Dios los ablanda y los hace útiles para una vida mejor.
>
> Alessandro Manzoni, *Los novios*, xxxviii

Se es más feliz dando que recibiendo

La palabra de Dios nos enseña que «se es más feliz dando que recibiendo» (Hechos de los apóstoles 20, 35). Por eso mismo, la quinta bienaventuranza declara felices a los misericordiosos. Sabemos que el Señor nos ha amado primero. Pero solo seremos verdaderamente felices si entramos en la lógica divina del don, del amor gratuito, si descubrimos que Dios nos ha amado infinitamente para hacernos capaces de amar como él, sin medida. Como dice san Juan: «Queridos hermanos, amémonos unos a otros, porque el amor es de Dios: todo el que ama ha sido engendrado por Dios y conoce a Dios. Quien no ama no ha conocido a Dios, porque Dios es amor. [...] En esto consiste el amor: no somos nosotros los que amamos a Dios, sino que es él quien nos ha amado y ha enviado a su Hijo como víctima de expiación por nuestros pecados. Queridos hermanos, si Dios nos ha amado así, también nosotros debemos amarnos los unos a los otros» (1 Juan 4, 7-11).

El secreto de la felicidad

Si hay algo que caracteriza a los santos es que son verdaderamente *felices*. Han descubierto el secreto de la verdadera felicidad, que habita en lo más profundo del alma y tiene su fuente en el amor a Dios. Por eso a los santos se les llama bienaventurados. Las bienaventuranzas son su camino hacia la patria. Las bienaventuranzas son el *camino* de vida que el Señor nos muestra para que podamos seguir sus huellas.

La paradoja de las bienaventuranzas

Humanamente hablando, nos inclinamos a pensar que es feliz quien es rico, quien está saturado de bienes, quien recibe aplausos y es envidiado por muchos, quien tiene todas las seguridades. Pero esto es pensamiento mundano. Jesús, por el contrario, declara que el éxito mundano es un fracaso, porque se basa en un egoísmo que infla y luego deja un vacío en el corazón. Esta es *la paradoja de las bienaventuranzas*: declaran dichoso, es decir, feliz, al que es pobre, al que carece de muchas cosas y lo reconoce. Ante esta paradoja el discípulo se deja interpelar, consciente de que no es Dios quien debe entrar en nuestra lógica, sino nosotros en la suya. Esto exige un camino, a veces fatigoso, pero siempre acompañado de alegría. Porque el discípulo de Jesús se alegra con la alegría que le viene de Jesús.

Las bienaventuranzas no son para superhombres

Los ingredientes de una vida feliz se llaman *bienaventuranzas*: bienaventurados los sencillos, los humildes que dejan espacio a Dios, que saben llorar por los demás y por sus propios errores, permanecen mansos, luchan por la justicia, son misericordiosos con todos, guardan la pureza de corazón, trabajan siempre por la paz y permanecen en la alegría, no odian y, aun cuando sufren, responden al mal con el bien.

Las bienaventuranzas no exigen grandes gestos, no son para superhombres, sino para quienes viven las pruebas y las fatigas de cada día. Para nosotros. Así son los santos: respiran, como todos, el aire contaminado por el mal, pero en el camino no pierden nunca de vista las *huellas de Jesús*, el indicador en las bienaventuranzas, que son como el *mapa de la vida cristiana*.

Los que han alcanzado la meta indicada por este mapa no son solo los santos del calendario, sino muchos hermanos y hermanas *de la puerta de al lado*, a los que quizá hayamos encontrado y conocido, muchas personas sencillas y ocultas que en realidad ayudan a Dios a hacer avanzar el mundo.

La verdadera felicidad se encuentra a menudo donde no imaginamos

Recordemos: ser dichoso es sinónimo de ser discípulo de Jesús. El Señor, al liberarnos de la esclavitud del egocentrismo, rompe nuestras cerrazones, derrite nuestra dureza y abre la verdadera felicidad, que a menudo se encuentra donde no imaginamos. Es él quien guía nuestra vida, no nosotros con nuestras ideas preconcebidas o nuestras exigencias.

> La verdadera satisfacción es algo activo, como la agricultura. Es la capacidad de sacar de una situación todo lo que esta contiene.
>
> GILBERT KEITH CHESTERTON

«Haced el bien, hermanos»

Hablando de caridad: me gustaría contaros una historia. Es la historia, que sucedió realmente, de un joven portugués que vivió hace mucho tiempo. Se llamaba Juan Ciudad y vivía en Montemor-o-Novo. Soñaba con una vida aventurera y, por eso, de niño, se fue de casa en busca de la felicidad. La encontró después de muchos años y muchas aventuras, cuando conoció a Jesús. Y se sintió tan feliz con el descubrimiento que incluso decidió cambiarse el nombre y llamarse, a partir de entonces, ya no Juan Ciudad, sino *Juan de Dios*. E hizo algo atrevido: fue a la ciudad y se puso a mendigar por las calles, diciendo a la gente: «¡Haceos el bien, hermanos, a vosotros mismos!». ¿Lo entendéis? Pedía limosna, pero decía a los que se la daban que, al ayudarle a él, en realidad se estaban ayudando primero a sí mismos. O sea, estaba explicando que los actos de amor son un regalo ante todo para quien los hace, incluso antes que para quien los recibe; porque lo que uno atesora para sí mismo se perderá, mientras que lo que uno da por amor nunca se desperdiciará, sino que será nuestro tesoro en el cielo.

Pero el amor no solo hace feliz en el cielo, sino ya aquí en la tierra, porque ensancha el corazón y permite captar el sentido de la vida. Si queremos ser verdaderamente felices aprendamos a transformarlo todo en amor, ofreciendo a los demás nuestro trabajo y nuestro tiempo, diciendo buenas palabras y haciendo buenas acciones, incluso con una sonrisa, con un abrazo, con la escucha, con una mirada. Todos podemos hacerlo y todos lo necesitamos, en cualquier parte del mundo.

Ayudar a los demás es un regalo para uno mismo

¿Sabes lo que le pasó a Juan? ¡Que no le comprendieron! Pensaron que estaba loco y lo encerraron en un manicomio. Pero no se desmoralizó, porque el amor no se rinde, porque quien sigue a Jesús no pierde la paz ni se compadece de sí mismo. Y fue allí, en el manicomio, llevando la cruz, donde llegó la inspiración de Dios. Juan se dio cuenta de lo mucho que necesitaban ayuda los enfermos y cuando, por fin, le dejaron salir al cabo de unos meses, empezó a cuidarlos con otros compañeros, fundando una orden religiosa: los Hermanos Hospitalarios. Algunos, sin embargo, empezaron a llamarlos con las mismas palabras de aquel joven que decía a todo el mundo: «¡Bienhechores hermanos!» Así los llamamos en Roma: los Hermanos Bienhechores. ¡Qué hermoso nombre, qué importante lección! Ayudar a los demás es un regalo para uno mismo y es bueno para todos. Sí, ¡amar es un regalo para todos!

El amor nos abre los ojos

El amor nos abre los ojos, nos ensancha la mirada, nos permite reconocer en el desconocido que se cruza en nuestro camino el rostro de un hermano, con un nombre, una historia, un drama ante el que no podemos permanecer indiferentes. A la luz del amor de Dios la fisonomía del otro emerge de las sombras, sale de la insignificancia y adquiere valor, relevancia. Las necesidades del prójimo nos interpelan, nos inquietan, nos desafían a asumir responsabilidades. Y es siempre a la luz del amor como encontramos la fuerza y el coraje para responder al mal que oprime al otro, para responder en primera persona, poniendo la cara, el corazón, arremangándonos. El amor de Dios nos hace sentir el peso de la humanidad del otro como «yugo suave y carga ligera» (Mateo 11, 30). Nos induce a sentir como propias las heridas que vemos en su cuerpo y nos empuja a derramar el aceite de la fraternidad sobre las heridas invisibles que leemos en la filigrana del alma del otro.

Ayudemos con una sonrisa

¿Quieres saber si un cristiano vive la caridad? Fíjate si está dispuesto a ayudar de buena gana, con una sonrisa en los labios, sin refunfuñar ni enfadarse. La caridad es paciente, escribe Pablo, y la paciencia es la capacidad de soportar las pruebas inesperadas, las fatigas cotidianas, sin perder la alegría y la confianza en Dios. Por eso es el resultado de un lento trabajo del espíritu, en el que uno aprende a dominarse a sí mismo, tomando conciencia de sus propios límites.

Es una forma de relacionarse con uno mismo de la que, por tanto, brota esa madurez relacional que nos lleva a reconocer «que el otro también tiene derecho a vivir en esta tierra conmigo, tal como es» (*Amoris Laetitia,* 92).

Contrarrestemos el egocentrismo

Alejarse del ensimismamiento, de considerar lo que queremos para nosotros mismos como el centro en torno a lo cual gira todo, a costa de plegar a los demás a nuestros deseos, no solo exige contener la tiranía del egocentrismo, sino que también exige la actitud dinámica y creativa de dejar aflorar las cualidades y carisma de los demás.

En este sentido, vivir la caridad significa ser magnánimos, benévolos, reconociendo, por ejemplo, que, para trabajar juntos de forma constructiva, primero hay que *dar espacio* al otro. Lo hacemos cuando estamos abiertos al diálogo y a la escucha, aceptando con flexibilidad las opiniones que difieren de las nuestras, sin rigidez en nuestras posiciones, sino buscando un punto de encuentro, una vía de mediación.

El bien que hagamos no se perderá

Pablo concluye su elogio de la caridad afirmando que esta, como *camino* de excelencia hacia Dios, es mayor que la fe y la esperanza. Lo que dice el apóstol es sumamente cierto. Mientras que la fe y la esperanza son *dones provisionales*, es decir, vinculados a nuestro *modo de vivir*, como peregrinos en esta tierra, la caridad, en cambio, es un *don definitivo*, prenda y anticipo del tiempo final, del Reino de Dios. Por eso, todo lo demás pasará, pero la caridad no terminará nunca. El bien que se hace en nombre de Dios es la parte buena de nosotros que no se borrará, que no se perderá.

El juicio de Dios sobre la historia se cumple en el hoy del amor, en el discernimiento de lo que hemos hecho por los demás en su nombre. Como promete Jesús será la ganancia de la vida eterna: «Venid, benditos de mi Padre, heredad el reino preparado para vosotros desde la creación del mundo» (Mateo 25, 34).

> La caridad es paciente,
> benévola es la caridad;
> no es envidiosa,
> no presume,
> no se hincha de orgullo,
> no falta al respeto,

no busca su propio interés,
no se enfada,
no tiene en cuenta el mal recibido,
no disfruta de la injusticia,
sino que se regocija en la verdad.
Todo lo perdona,
todo lo cree,
todo lo espera,
todo lo soporta.

San Pablo, *Himno a la caridad*, (1 Corintios 13, 4-7)

Abramos nuestro corazón a la inquietud

Hermanos, hermanas, ¡abramos nuestro corazón a la inquietud, pidamos valor para seguir nuestro camino y terminar en la adoración! No tengamos miedo: es el camino de los magos, es el camino de todos los santos de la historia: acoger la inquietud, ponerse en camino y adorar. No dejemos que se apague en nosotros la inquietud de las preguntas; no detengamos nuestro camino cediendo a la apatía o a la comodidad; y, en el encuentro con el Señor, abandonémonos a la maravilla de la adoración. Entonces descubriremos que una luz ilumina incluso las noches más oscuras: es Jesús, es la estrella radiante de la mañana, el sol de la justicia, el resplandor misericordioso de Dios, que ama a cada persona y a cada pueblo de la Tierra.

No debemos temer la voluntad de Dios

No hay mejor voluntad para nosotros que la voluntad del Padre, que es su designio de amor sobre nosotros con vistas a su Reino y a nuestra plena felicidad. A menudo tememos esta voluntad, porque tememos que Dios nos imponga algo por pura arbitrariedad y no por nuestro bien; tememos que aceptar su voluntad signifique renunciar a nuestra libertad. Sin embargo, debemos buscar intensamente, pedir a Dios Padre que nos dé a conocer su voluntad y pedir que se haga en nosotros. Y la razón más profunda para desearla nos la muestra Jesús mismo: hacer la voluntad del Padre nos hace hijos suyos, hermanos, hermanas, madres... y nos hace crecer en el amor a él y a los demás.

> —Pero ¿cuándo acabará? Hay veces que no puedo más. Este invierno parece que nunca acabará.
>
> —Se acabará, Pina, se acabará. Y la primavera volverá y será más hermosa que las otras porque seremos libres. Tienes que creerlo. Tienes que quererlo. Verás, yo sé estas cosas, las siento, pero no puedo explicártelas. Estamos luchando por algo que debe venir, que no puede no venir.
>
> ROBERTO ROSSELLINI, *Roma città aperta,* 1945

La vida que das vuelve a ti en abundancia

En el corazón del cristianismo yace esta impactante y extraordinaria noticia: cuando pierdes tu vida, cuando la ofreces generosamente en el servicio, cuando la arriesgas entregándola al amor, cuando la conviertes en un don gratuito para los demás, entonces vuelve a ti en abundancia, derrama en ti una alegría que no pasa, una paz de corazón, una fuerza interior que te sostiene.

Esta es la verdad que Jesús nos invita a descubrir, que Jesús quiere revelaros a todos: no hace falta ser grande, rico o poderoso para ser feliz. ¡No! Solo el amor desahoga nuestros corazones, solo el amor cura nuestras heridas, solo el amor nos da la verdadera alegría.

> La necesidad de amar, de amar en una medida infinita, llevará al hombre hacia Dios.
>
> FIÓDOR DOSTOYEVSKI

Una alegría que se vive aquí y ahora

El corazón humano anhela la alegría. Todos deseamos la alegría, todas las familias, todos los pueblos aspiran a la felicidad. Pero ¿cuál es la alegría que el cristiano está llamado a experimentar y testimoniar? Es la que proviene de la *cercanía de Dios*, de su *presencia* en nuestras vidas. Desde que Jesús entró en la historia, con su nacimiento en Belén, la humanidad ha recibido la simiente del Reino de Dios, como una tierra que recibe la semilla, la promesa de la futura cosecha. ¡Ya no hay necesidad de buscar en otra parte! Jesús vino a traer la alegría a todos y para siempre. No se trata de una alegría solo esperada o reservada al Paraíso: aquí en la Tierra estamos tristes, pero en el Paraíso estaremos alegres. No. No se trata de esto, sino de una alegría que ya es real y que se puede experimentar ahora, porque Jesús *mismo es nuestra alegría* y con Jesús la alegría está en casa.

Un proyecto de amor para cada uno de nosotros

Dios tiene un plan de amor para cada uno de vosotros. No tengáis miedo de su voluntad; más bien poned toda vuestra confianza en su gracia. Sois valiosos e importantes para él, porque sois obra de sus manos. Solo él conoce vuestro corazón y vuestros deseos más profundos. Solo él, que os ama con amor absoluto, es capaz de colmar vuestras aspiraciones.

Nadie más que Dios puede daros la verdadera felicidad.

Fuentes

Introducción

EL MÁS PRECIOSO DE LOS REGALOS

Papa Francisco, *Christus vivit*, 112, 117, 212.

Homilía, 24 de diciembre de 2019.

Mensaje con motivo de la Jornada Mundial de Oración por las Vocaciones, 30 de abril de 2023.

TE QUIERO EN VEINTE PASOS

1. *Mantén el corazón abierto*: Papa Francisco, *Misericordia et misera*, 5.
2. *Recuerda que vales por lo que eres*: Discurso con ocasión del viaje apostólico a Chipre y Grecia, 6 de diciembre de 2021.
3. *Elige en qué quieres convertirte*: Homilía, 22 de noviembre de 2020.
4. *Da tú el primer paso*: Videomensaje, 4 de septiembre de 2017.
5. *Haz las paces con tu pasado*: Homilía, 5 de junio de 2022.
6. *Toma las riendas de tu vida*: Homilía, 12 de marzo de 2022.
7. *Libérate de lo que obstaculiza el amor*: Mensaje con motivo del Festival de la Juventud, 29 de junio de 2021.

8. *Ama concretamente como quieres ser amado*: Homilía, 6 de septiembre de 2019.
9. *Ama a las personas una a una*: Audiencia general, 20 de septiembre de 2017.
10. *Recuerda que sin libertad no hay amor*: Audiencia general, 21 de octubre de 2015.
11. *Libérate de la envidia*: Ángelus, 15 de enero de 2023.
12. *Alégrate del bien ajeno*: Papa Francisco, *Amoris laetitia*, 129-130.
13. *Utiliza palabras que alimenten el amor*: Papa Francisco, *Amoris laetitia*, 133.
14. *Estate atento*: Ángelus, 7 de agosto de 2022.
15. *Preocúpate por los que no están*: Ángelus, 11 de septiembre de 2022.
16. *No dejes de contemplar a las personas que amas*: Papa Francisco, *Amoris laetitia*, 129-130.
17. *Aprende a desactivar*: Homilía con ocasión del viaje apostólico a Baréin, 5 de noviembre de 2022.
18. *No te cierres en banda*: Discurso con motivo del viaje apostólico a Chipre y Grecia, 6 de diciembre de 2021.
19. *Dale al mundo tu toque único de belleza*: Discurso con ocasión del viaje apostólico a Baréin, 5 de noviembre de 2022.
20. *Siembra fraternidad y cosecharás futuro*: Discurso con ocasión del viaje apostólico a Baréin, 5 de noviembre de 2022.

I. TÚ VALES POR LO QUE ERES

¿Por dónde empezar?: Discurso con ocasión del viaje apostólico a Chipre y Grecia, 6 de diciembre de 2021.

Todo empieza por un gran bien: Homilía con ocasión de la IV Jornada Mundial de los Pobres, domingo 15 de noviembre de 2020.

Mantengamos el corazón abierto: Papa Francisco, *Misericordia et misera*, 5.

Él nos amó primero: Papa Francisco, *Christus vivit*, 121.

Nos acoge siempre con alegría: Ángelus, 27 de marzo de 2022.

Nos ama con paciencia: Papa Francisco, *Misericordiae Vultus*, 6.

Él nos ama por nuestro nombre: Meditación de la mañana, 6 de diciembre de 2016.

Toma las riendas de tu vida: Homilía, 12 de marzo de 2022.

Lo que necesitamos: Homilía, 25 de marzo de 2022.

Conócete a ti mismo: Discurso con ocasión del viaje apostólico a Chipre y Grecia, 6 de diciembre de 2021.

No te rindas a la noche: Audiencia general, 20 de septiembre de 2017.

Aunque caigas, Dios confía en ti: Homilía, 5 de junio de 2022.

Cambiemos la perspectiva sobre nosotros mismos: Homilía, 12 de marzo de 2022.

Perdonarse a uno mismo para volver a empezar: Homilía, 5 de junio de 2022.

Nadie es inmune al sufrimiento: Papa Francisco, *Misercordia et misera*, 13.

El amor destierra los falsos temores: Ángelus, 28 de mayo de 2023.

El amor vence la debilidad: Papa Francisco, *Misericordia et misera*, 1.

Soy amado, luego existo: Papa Francisco, *Misericordia et misera*, 16.

Una vida que da frutos: Discurso, 26 de enero de 2019.

Amar sin medida: Discurso, 26 de agosto de 2022.

No te dejes influir por el mal que asola: Discurso con ocasión del viaje apostólico a Budapest y Croacia, 14 de septiembre de 2021.

Solo se puede salvar lo que se ama: Papa Francisco, *Christus vivit*, 120.

Un Dios enamorado de nosotros: Papa Francisco, *Christus vivit*, 114.

Nunca estamos solos: *Regina Caeli*, 8 de mayo de 2022.

Sin libertad, el amor no es amor: Ángelus, 24 de enero de 2021.

Un amor desarmado: Audiencia general, 28 de diciembre de 2022.

Tu debilidad es tu fuerza: Papa Francisco, *Patris corde*, 2.

Ama con obras: Mensaje con motivo de la I Jornada Mundial de los Pobres, 19 de noviembre de 2017.

Un amor irresistible: Mensaje con motivo de la I Jornada Mundial de los Pobres, 19 de noviembre de 2017.

¡Dejémonos sorprender! Discurso con motivo del viaje apostólico a Sri Lanka y Filipinas, 18 de enero de 2015.

Busca su rostro: Mensaje con motivo de la XXX Jornada Mundial de la Juventud, 31 de enero de 2015.

La vida siempre nos enfrenta a elecciones: Audiencia general, 21 de diciembre de 2022.

Solo en la paz podemos profundizar en nosotros mismos: Audiencia general, 21 de diciembre de 2022.

Distinguir lo esencial de lo superfluo: Discurso con ocasión del viaje apostólico a Baréin, 5 de noviembre de 2022.

El corazón habla al corazón: Audiencia general, 21 de diciembre de 2022.

Afrontar el mal sin dejarse abrumar por él: Audiencia general, 21 de diciembre de 2022.

El bien más preciado: Mensaje con motivo de la XXX Jornada Mundial de la Juventud, 31 de enero de 2015.

La luz del amor: Papa Francisco, *Lumen fidei*, 31, 32, 53.

Con Dios podemos lograrlo, siempre: *Regina Caeli*, 14 de mayo de 2023.

Llenar el vacío con esperanza y de verdadera alegría: Papa Francisco, *Misercordia et misera*, 13.

Un vínculo que reconforta el corazón: Audiencia general, 21 de diciembre de 2022.

II. MUCHO MÁS QUE DOS

La amistad más grande: Papa Francisco, *Amoris laetitia*, 123.

En un hermosísimo jardín: Audiencia general, 22 de abril de 2015.

La plenitud se consigue a través de la reciprocidad: Audiencia general, 22 de abril de 2015.

El primero de los bienes: Papa Francisco, *Amoris laetitia*, 12.

La fuerza de entregarnos el uno al otro: Discurso, 22 de junio de 2022.

Juntos se puede afrontar todo: Discurso, 4 de octubre de 2013.

Cuidarse mutuamente: Papa Francisco, *Amoris laetitia*, 126.

¿Cuál es el verdadero amor conyugal?: Discurso, 27 de enero de 2023.

En el matrimonio la persona se descubre a sí misma: Discurso con ocasión de la Sesión Plenaria del Pontificio Consejo para la Familia, 25 de octubre de 2013.

La familia hace que los días sean menos inhóspitos: Discurso, 27 de enero de 2019.

No tengáis miedo del amor auténtico: Discurso a los participantes en la Syro-Malabar Youth Leaders Conference, 18 de junio de 2022.

Rebelaos contra la cultura de lo provisional: Discurso, 28 de julio de 2013.

La familia merece la pena: Papa Francisco, *Christus vivit*, 263.

Elegid la vida: Homilía, 22 de noviembre de 2020.

Nadie desea un amor a corto plazo: Discurso, 22 de junio de 2022.

Las características del amor: Meditación de la mañana, 2 de junio de 2014.

Sed amables: Papa Francisco, *Amoris laetitia*, 99.

Seguid bailando: Papa Francisco, *Amoris laetitia*, 219.

Hablad bien los unos de los otros: Papa Francisco, *Amoris laetitia*, 113.

Todo el mundo tiene algo que ofrecer: Papa Francisco, *Amoris laetitia*, 138.

Respetad la libertad de los demás: *Regina Caeli*, 9 de mayo de 2021.

Combinad los valores humanos y divinos: Discurso, 27 de enero de 2023.

Nunca terminéis el día sin hacer las paces: Discurso con ocasión del viaje apostólico a Georgia y Azerbaiyán, 1 de octubre de 2016.

La familia perfecta no existe: Papa Francisco, *Amoris laetitia*, 135.

Aprended a dialogar: Papa Francisco, *Amoris laetitia*, 139.

Pensad en los niños: Discurso, 14 de junio de 2015.

Se puede vencer al mal: Discurso, 14 de junio de 2015.

Perdonad las debilidades y limitaciones de cada uno: Discurso, 14 de junio de 2015.

Una crisis superada mejora la unión: Papa Francisco, *Amoris laetitia*, 232.

La alegría de haber luchado juntos: Papa Francisco, *Amoris laetitia*, 130.

El amor y la verdad no pueden separarse: Papa Francisco, *Lumen fidei*, 27.

No trivialicemos el amor: Mensaje con motivo de la xxx Jornada Mundial de la Juventud, 31 de enero de 2015.

El sexo es un regalo: Discurso, 17 de septiembre de 2018.

Dios ama la alegría del ser humano: Papa Francisco, *Amoris laetitia*, 149, 152.

No dejéis de contemplaros: Papa Francisco, *Amoris laetitia*, 129-130.

Todo matrimonio es una historia de salvación: Papa Francisco, *Amoris laetitia*, 221.

El amor no es un sueño barato: Discurso con ocasión del viaje apostólico a Budapest y Eslovaquia, 14 de septiembre de 2021.

III. EL AMOR SE APRENDE

La familia es el lugar del encuentro: Homilía, 25 de junio de 2022.

Una promesa que se cumple por sí misma: Audiencia general, 21 de octubre de 2015.

Más que la suma de sus individuos: Discurso a los participantes en la Sesión Plenaria del Pontificio Consejo para la Familia, 25 de octubre de 2013.

Cuatro palabras necesarias: Papa Francisco, *Amoris laetitia*, 133.

Toda casa es un candelabro: Papa Francisco, *Amoris laetitia*, 8.

La sociedad necesita espíritu familiar: Audiencia general, 7 de octubre de 2015.

Guardad meditando: Homilía, 1 de enero de 2022.

Lo que saben hacer las madres: Homilía, 1 de enero de 2022.

La grandeza de las madres: Ángelus, 1 de enero de 2023.

La madre de todos: Papa Francisco, *Evangelii Gaudium*, 286.

Uno aprende a ser padre: Papa Francisco, *Patris corde*, 7.

Entregar los niños a la vida: Papa Francisco, *Patris corde*, 7.

La verdadera paternidad es hacerse inútil: Papa Francisco, *Patris corde*, 7.

Los hermanos discuten: Discurso con ocasión del viaje apostólico a Chipre y Grecia, 2 de diciembre de 2021.

Yo te acojo: Discurso, 22 de junio de 2022.

De padres a hijos: Papa Francisco, *Lumen fidei*, 52.

Los hijos son piedras vivas: Papa Francisco, *Amoris laetitia*, 14.

Dejadlos ir: Papa Francisco, *Amoris laetitia*, 18.

Dios confía en ellos: Homilía, 25 de junio de 2022.

¿Dónde está su alma?: Papa Francisco, *Amoris laetitia*, 261.

El retorno del amor: Audiencia general, 20 de abril de 2022.

La alianza de ancianos y niños nos salvará: Audiencia general, 17 de agosto de 2022.

Restablezcamos la alianza entre generaciones: Audiencia general, 23 de febrero de 2022.

Lo que soñaron para nosotros: Papa Francisco, *Christus vivit*, 194.

La muerte no tiene la última palabra: Papa Francisco, *Amoris laetitia*, 256.

Una escuela de amor: Audiencia general, 21 de octubre de 2015.

Un valioso legado: Homilía, 26 de julio de 2022.

Artífices de una historia por construir: Homilía, 26 de julio de 2022.

IV. EL AMIGO ES OTRO YO

El encuentro con los demás: Papa Francisco, *Fratelli tutti*, 87-88.

Un hermosísimo secreto: Discurso, 7 de mayo de 2019.

La amistad es un regalo: Papa Francisco, *Christus vivit*, 151, 152.

La llamada de un amigo: Papa Francisco, *Christus vivit*, 287, 250.

El amigo es otro yo: Discurso con ocasión del viaje apostólico a Chipre y Grecia, 6 de diciembre de 2021.

Una verdad incómoda: Discurso, 23 de junio de 2017.

Los jóvenes necesitan saber que Jesús los ama: Discurso, 26 de agosto de 2022.

Lo que hace un amigo: Discurso, 23 de junio de 2017.

Escuchemos a nuestro corazón: Discurso con ocasión del viaje apostólico a Baréin, 5 de noviembre de 2022.

Ver la realidad a través de los ojos del otro: Papa Francisco, *Lumen fidei*, 47.

Ir más allá: Homilía, 22 de noviembre de 2020.

No hay vidas sobrantes: Mensaje para la celebración de la XLVII Jornada Mundial de la Paz, 1 de enero de 2014.

Una escuela de humanidad: Homilía con ocasión del viaje apostólico a Canadá, 28 de julio de 2022.

La verdadera riqueza son las personas: Discurso con ocasión del viaje apostólico al Congo y Sudán del Sur, 31 de enero de 2023.

Como las teselas de un mosaico: Mensaje con ocasión de la Jornada Mundial de las Vocaciones, 8 de mayo de 2022.

Sembrad fraternidad: Discurso con ocasión del viaje apostólico a Baréin, 5 de noviembre de 2022.

Estoy ahí: Homilía, 22 de noviembre de 2020.

Una historia que se repite: Papa Francisco, *Fratelli tutti*, 69.

Empezad desde abajo: Papa Francisco, *Fratelli tutti*, 78.

Si quieres llegar lejos: Papa Francisco, *Christus vivit*, 167.

Mira, soy tu hermano: Oración ecuménica con los emigrantes con motivo del viaje apostólico a Chipre y Grecia, 3 de diciembre de 2021.

Hermanos de todos: Discurso, 23 de octubre de 2021.

Deja un asiento vacío: Homilía con ocasión de la VI Jornada Mundial de los Pobres, 13 de noviembre de 2022.

Abramos los ojos: Papa Francisco, *Misericordiae Vultus*, 15.

Que nadie sea un extraño: Papa Francisco, *Fratelli tutti*, 97.

No nos quedemos mirando: Homilía, 20 de noviembre de 2022.

¡Sálvate a ti mismo!: Homilía, 10 de abril de 2022.

Rompamos la cadena del «te quiero si tú me quieres»: Homilía, 10 de abril de 2022.

El que ama busca al extraviado: Ángelus, 11 de septiembre de 2022.

¿Qué hacéis de extraordinario? Ángelus, 19 de febrero de 2023.

El «desequilibrio del amor»: Ángelus, 19 de febrero de 2023.

Salir de nosotros mismos: Discurso con ocasión del viaje apostólico a Baréin, 5 de noviembre de 2022.

V. CUSTODIA LA BELLEZA

El mundo canta al amor infinito: Papa Francisco, *Laudate Deum*, 64-65.

Era algo muy bueno: Mensaje en la conferencia sobre resiliencia de las personas y los ecosistemas bajo el estrés climático, 13-14 de julio de 2022.

Un regalo en común: Mensaje con motivo de la celebración de la XLVII Jornada Mundial de la Paz, 1 de enero de 2014.

Estamos hechos de materia terrenal: Audiencia general, 22 de abril de 2020.

Lo bello y lo bueno son inseparables: Discurso, 21 de mayo de 2022.

Escucha la voz de la creación: Mensaje con motivo de la celebración de la Jornada Mundial de Oración por el Cuidado de la Creación, 1 de septiembre de 2022.

La Tierra nos precede: Papa Francisco, *Laudato si'*, 67.

Todo está conectado: Mensaje en la COP26 (XX sesión de la Conferencia de los Estados Partes en la Convención Marco de las Naciones Unidas sobre el Cambio Climático), 4 de octubre de 2021.

Nuestra madre Tierra: Papa Francisco, *Laudato si'*, 1.

Una belleza irrepetible: Discurso, 21 de mayo de 2022.

Aprendamos de la mansedumbre de las plantas: Discurso con ocasión de la visita a Asís, 24 de septiembre de 2022.

Por orden suya fueron creados: Papa Francisco, *Laudato si'*, 68.

Un libro espléndido: Papa Francisco, *Laudato si'*, 12.

Una conversión ecológica: Mensaje para la conferencia sobre «Resiliencia de las personas y los ecosistemas bajo el estrés climático», 13-14 de julio de 2022.

Cambio de marcha: Discurso, 19 de enero de 2023.

Administradores de la creación: Discurso con ocasión del viaje apostólico a Sri Lanka y Filipinas, 18 de enero de 2015.

Una armonía rota: Papa Francisco, *Laudato si'*, 66.

La esperanza es posible: Discurso, 3 de septiembre de 2023.

No tengas miedo de soñar: Audiencia general, 20 de septiembre de 2017.

La creación no tiene fronteras: Discurso a los participantes en el Euromoot de la Unión Internacional de Guías y Scouts de Europa (UISGE), 3 de agosto de 2019.

Una ecología humana: Mensaje con motivo de la xxx Jornada Mundial de la Juventud, 31 de enero de 2015.

Una nueva mirada: Audiencia general, 22 de abril de 2020.

La contemplación cura el alma: Audiencia general, 16 de septiembre de 2020.

Cuidar la casa que nos acoge: Audiencia general, 16 de septiembre de 2020.

Maravillosamente humano: Papa Francisco, *Fratelli tutti*, 117.

Sembremos belleza: Discurso, 7 de octubre de 2021.

Detengámonos en los latidos del corazón: Mensaje, 1 de septiembre de 2023.

Amemos este magnífico planeta: Papa Francisco, *Evangelii Gaudium*, 183.

Que cada criatura sea hermana nuestra: Papa Francisco, *Laudato si'*, 11.

Una pobreza que enriquece: Mensaje con motivo de la vi Jornada Mundial de los Pobres, 13 de junio de 2022.

La voz de la creación: Mensaje con motivo de la celebración de la Jornada Mundial de Oración por el Cuidado de la Creación, 1 de septiembre de 2022.

Pequeñas acciones cotidianas: Papa Francisco, *Laudato si'*, 211.

La Tierra y la humanidad son una sola cosa: Mensaje para la VIII conferencia de los Diálogos Med de Roma, 1-3 de diciembre de 2022.

Una solución radical: Audiencia general, 16 de marzo de 2022.

El Olivo: Mensaje a los participantes en la VIII conferencia Diálogos Med de Roma, 1-3 de diciembre de 2022.

Sepamos que las cosas pueden cambiar: Papa Francisco, *Laudato si'*, 13.

Se contempla desde dentro: Audiencia general, 16 de septiembre de 2020.

Ninguna criatura sobra: Papa Francisco, *Laudato si'*, 84.

La naturaleza es la gramática de Dios: Papa Francisco, *Lumen fidei*, 55.

Custodiar la belleza: Homilía, 19 de marzo de 2013.

VI. CÓMO GANAR DE VERDAD

¿Soy yo acaso el guardián de mi hermano? Mensaje con motivo de la celebración de la XLVII Jornada Mundial de la Paz, 1 de enero de 2014.

El que empuñe la espada, por la espada morirá: Discurso, 20 de octubre de 2020.

Hora de parar: Ángelus, 1 de enero de 2014.

Todos y ninguno: Homilía con ocasión de la visita apostólica a Lampedusa, 8 de julio de 2013.

¡No tenemos que rendir cuentas a nadie! Ángelus, 8 de octubre de 2023.

El sueño de ser Dios: Homilía con ocasión de la visita apostólica a Lampedusa, 8 de julio de 2013.

Una regla de oro: Homilía, 6 de septiembre de 2019.

Un mandamiento nuevo: Ángelus, 24 de febrero de 2019.

Difícil, pero no imposible: Meditación, 19 de junio de 2018.

Amar a los enemigos es una locura: Meditación, 13 de septiembre de 2018.

No es un «buen negocio» y sin embargo…: Meditación, 10 de junio de 2013.

Pobreza que enriquece: Meditación, 10 de junio de 2013.

Amar es vivir como un vencedor: Homilía, 23 de febrero de 2020.

«Soy yo, no tengas miedo»: Ángelus, 13 de agosto de 2023.

Los verdaderos enemigos: Audiencia general, 11 de octubre de 2023.

Humanizarnos nosotros para humanizar a los demás: Ángelus, 8 de octubre de 2023.

Un gracias basta para restablecer la paz: Ángelus, 8 de octubre de 2023.

Y yo, ¿sé decir «gracias»?: Videomensaje, 4 de septiembre de 2017.

Demos el primer paso: Oración ecuménica con motivo del viaje apostólico a Colombia, 8 de septiembre de 2017.

Derribar muros: Discurso con ocasión del viaje apostólico a Chipre y Grecia, 6 de diciembre de 2021.

El programa de la vida: construir puentes humanos: Diálogo con los jóvenes con ocasión del viaje apostólico a Polonia, 27 de julio de 2016.

El último escalón: Meditación, 14 de junio de 2016.

Este es el camino, no hay otro: Homilía, 23 de febrero de 2020.

La esperanza mantiene viva la vida: Ángelus, 24 de febrero de 2019.

La Buena Nueva: Mensaje, 1 de enero de 2017.

¡Paz a esta casa!: Mensaje, 1 de enero de 2019.

Las tres dimensiones de la paz: Mensaje, 1 de enero de 2019.

El amor nos abre a los demás: Ángelus, 24 de febrero de 2019.

Llamados a soñar juntos: Mensaje con motivo del Día Mundial del Migrante y del Refugiado, 27 de septiembre de 2020.

De tus manos nace el mañana: Discurso con ocasión del viaje apostólico a la República Democrática del Congo y Sudán del Sur, 2 de febrero de 2023.

Reconocer en el enemigo a un hermano: Mensaje, 1 de enero de 2020.

Las palabras adecuadas para construir la paz: Mensaje, 24 de enero de 2016.

La misericordia bendice a quien la da y a quien la recibe: Mensaje, 24 de enero de 2016.

Y nosotros... ¿lo lograremos?: Homilía, 23 de febrero de 2020.

VII. EL AMOR QUE SANA

El Dios de las nuevas oportunidades: Discurso, 31 de julio de 2016.

Cada uno de nosotros es el hijo pródigo: Mensaje con motivo de la XXX Jornada Mundial de la Juventud, 15 de agosto de 2015.

Podemos equivocarnos: Audiencia general, 31 de agosto de 2022.

Nos convertimos en lo que elegimos: Homilía, 22 de noviembre de 2020.

Él nos espera siempre: Mensaje con motivo de la XXX Jornada Mundial de la Juventud, 15 de agosto de 2015.

El falso alivio de culpar a los demás: Papa Francisco, *Amoris laetitia*, 107.

Abraza tu fragilidad: Papa Francisco, *Patris corde*, 2.

No permanezcas prisionero de la vergüenza: Discurso con ocasión del viaje apostólico a Budapest y Eslovaquia, 14 de septiembre de 2021.

Mirando a través de los ojos del otro: Audiencia general, 4 de enero de 2023.

Vuélvete hacia Jesús: Papa Francisco, *Evangelii Gaudium*, 3.

Conoce nuestros pecados: Audiencia jubilar, 10 de septiembre de 2016.

La maravilla del perdón: Discurso con ocasión del viaje apostólico a Chipre y Grecia, 6 de diciembre de 2021.

Déjate amar: Papa Francisco, *Christus vivit*, 115.

La misericordia es mayor que cualquier pecado: Papa Francisco, *Misericordiae Vultus*, 3.

¿Cómo amar a mi prójimo? Ángelus, 12 de febrero de 2023.

La mansedumbre desenmascara lo absurdo del odio: Ángelus, 20 de febrero de 2022.

La revolución del amor: Ángelus, 24 de febrero de 2019.

La crisis del buen hermano: Ángelus, 27 de marzo de 2022.

La ternura es más grande que la lógica del mundo: Audiencia general, 19 de enero de 2022.

Un paso hacia el amor: Papa Francisco, *Evangelii Gaudium*, 101.

Cada momento es valioso para amar: Ángelus, 24 de enero de 2021.

Abracemos a la persona que nos ha herido: Videomensaje con ocasión de la Vigilia Ecuménica de Pentecostés organizada por Charis International, 5 de junio de 2022.

Un testimonio: Audiencia general, 11 de octubre de 2023.

El perdón os hace libres: Audiencia general, 11 de octubre de 2023.

Un tesoro precioso: Audiencia general, 11 de octubre de 2023.

Setenta veces siete: Papa Francisco, *Misericordiae Vultus*, 9.

A quien poco se le perdona, ama poco: Papa Francisco, *Misericordia et misera*, 8.

La peor esclavitud: Audiencia general, 20 de octubre de 2021.

Hablémonos cara a cara: Ángelus, 10 de septiembre de 2023.

Nadie puede sentirse excluido: Homilía, 20 de octubre de 2020.

Aprende a perdonar: Homilía, 17 de marzo de 2020.

Lo contrario del resentimiento: Papa Francisco, *Amoris laetitia*, 105.

Que no se ponga el sol sobre tu enojo: Papa Francisco, *Misericordiae Vultus*, 9.

El perdón resucita a una nueva vida: Papa Francisco, *Misericordia et misera*, 1.

Oxígeno que purifica: Ángelus, 17 de septiembre de 2023.

VIII. EL AMOR QUE ABRAZA

Un amigo que solo pide ser acogido: Discurso, 17 de junio de 2013.

Solo el amor deja espacio al otro: Homilía, 20 de octubre de 2020.

La fuerza de un abrazo: Discurso con motivo del viaje apostólico a Budapest y Eslovaquia, 14 de septiembre de 2021.

La puerta estrecha: Ángelus, 21 de agosto de 2022.

Una vida entregada al amor: Ángelus, 21 de agosto de 2022.

Aprendamos a desactivar: Homilía con ocasión del viaje apostólico a Baréin, 5 de noviembre de 2022.

Dame de beber: Ángelus, 12 de marzo de 2023.

Cuántos rostros luminosos a nuestro alrededor: Ángelus, 5 de marzo de 2023.

Estad atentos: Ángelus del 7 de agosto de 2022.

Siempre hay un horizonte: Discurso, 18 de junio de 2022.

Apartarse: Ángelus, 15 de enero de 2023.

A todo el mundo le falta algo: Mensaje con motivo de la 102.ª Jornada Católica Alemana, 20 de mayo de 2022.

Tuve hambre y me disteis de comer: Mensaje a los participantes en el Capítulo General de la Orden de Malta, 17 de enero de 2023.

Escuchar con los oídos del corazón: Mensaje para la 56.ª Jornada Mundial de las Comunicaciones Sociales, 24 de enero de 2022.

Escuchar es más que oír: Papa Francisco, *Evangelii Gaudium*, 171.

Hablar con el lenguaje del corazón: Mensaje con motivo de la 56.ª Jornada Mundial de las Comunicaciones Sociales, 24 de enero de 2022.

Flores entre las rocas: Papa Francisco, *Patris corde*, 4.

Un camino que acoge: Papa Francisco, *Patris corde*, 4.

Un horizonte siempre nuevo: Papa Francisco, *Christus vivit*, 127.

Salir de uno mismo y buscar el bien de los demás: Papa Francisco, Christus vivit, 163-164.

Un corazón de carne: Discurso, lunes 17 de junio de 2013.
Un testimonio de rara humanidad: Audiencia general, 22 de enero de 2020.
El bellísimo inacabado: Audiencia general, 8 de junio de 2022.
Sed custodios de los dones de Dios: Homilía, 19 de marzo de 2013.
Ama a las personas: Audiencia general, 20 de septiembre de 2017.

IX. POR UNA ALEGRÍA COMPARTIDA

El viaje de la vida: Homilía con ocasión del viaje apostólico a Mongolia, 3 de septiembre de 2023.
La sed que habita en nosotros: Homilía con ocasión del viaje apostólico a Mongolia, 3 de septiembre de 2023.
Un camino en el desierto: Homilía con ocasión del viaje apostólico a Mongolia, 3 de septiembre de 2023.
La oscuridad del alma: Audiencia general, 26 de octubre de 2022.
Leer la tristeza: Audiencia general, 26 de octubre de 2022.
A la tristeza hay que escucharla…: Audiencia general, 26 de octubre de 2022.
… pero no debe disuadirnos de hacer el bien: Audiencia general, 26 de octubre de 2022.
Rechaza las tentaciones con firmeza: Audiencia general, 26 de octubre de 2022.
La búsqueda de la verdadera felicidad: Mensaje con motivo del Festival de la Juventud, 29 de junio de 2021.

Primera etapa: hacer el bien a los demás: Mensaje con motivo del Festival de la Juventud, 29 de junio de 2021.

Segunda etapa: de la lógica del mérito a la lógica del don: Mensaje con motivo del Festival de la Juventud, 29 de junio de 2021.

Demasiado tener y demasiado querer lo hacen a uno infeliz: Mensaje con motivo del Festival de la Juventud, 29 de junio de 2021.

Un desierto espiritual que roba la esperanza: Discurso con ocasión del viaje apostólico a la República de Corea, 15 de agosto de 2014.

El Evangelio puede redimir al mundo: Discurso con ocasión del viaje apostólico a la República de Corea, 15 de agosto de 2014

No confiemos en los que apagan el entusiasmo: Audiencia general, 30 de agosto de 2017.

Un corazón cerrado no sabe amar: Ángelus, 29 de enero de 2017.

El corazón del cristiano está lleno de paz: Ángelus, 14 de diciembre de 2014.

Se es más feliz dando que recibiendo: Mensaje a los jóvenes, 15 de agosto de 2015.

El secreto de la felicidad: Homilía con ocasión del viaje apostólico a Suecia, 1 de noviembre de 2016.

La paradoja de las bienaventuranzas: Ángelus, 13 de febrero de 2022.

Las bienaventuranzas no son para superhombres: Ángelus, 1 de noviembre de 2017.

La verdadera felicidad se encuentra a menudo donde no imaginamos: Ángelus, 13 de febrero de 2022.

«Haced el bien, hermanos»: Discurso con ocasión del viaje apostólico a Portugal, 4 de agosto de 2023.

Ayudar a los demás es un regalo para uno mismo: Discurso con ocasión del viaje apostólico a Portugal, 4 de agosto de 2023.

El amor nos abre los ojos: Discurso, 11 de mayo de 2023.

Ayudemos con una sonrisa: Discurso, 11 de mayo de 2023.

Contrarrestemos el egocentrismo: Discurso, 11 de mayo de 2023.

El bien que hagamos no se perderá: Discurso, 11 de mayo de 2023.

Abramos nuestro corazón a la inquietud: Homilía, 6 de enero de 2023.

No debemos temer la voluntad de Dios: Mensaje con motivo del 34.º Festival Internacional de la Juventud, 29 de junio de 2023.

La vida que das vuelve a ti en abundancia: Homilía con ocasión del viaje apostólico a Mongolia, 3 de septiembre de 2023.

Una alegría que se vive aquí y ahora: Ángelus, 14 de diciembre de 2014.

Un proyecto de amor para cada uno de nosotros: Mensaje con motivo del 34.º Festival Internacional de la Juventud, 29 de junio de 2023.

Libros y películas

[illegible] confesiones, Bompiani [illegible]

[illegible] Alighieri, La Divina [illegible]

[illegible] de Arles, La vida [illegible]

[illegible] Paoline, 1981 [illegible]

[illegible] de Asís, Cantico [illegible]

[illegible] de Falcone, Tarta [illegible] Milán.

[illegible]

[illegible] 2016.

[illegible] Elogio de la [illegible]

[illegible] Calle, Desconocida [illegible]

[illegible] 2010, Milán.

[illegible] Poemas de amor [illegible] Einaudi, 1971.

[illegible]

[illegible] Dostoyevski, El [illegible]

Dostoyevski, Los hermanos [illegible]

[illegible] Dostoyevski, Memorias [illegible]

LIBROS

Agustín, *Confesiones*, Bompiani, 2012, Milán.

Dante Alighieri, *La Divina Comedia.*

Cesáreo de Arlés, *La vida perfecta* (editado por Mario Spinelli), Edizioni Paoline, 1981, Roma.

Francisco de Asís, *Cántico de las criaturas.*

Honoré de Balzac, *Papá Goriot*, Garzanti, 2015, Milán.

Mario Benedetti, «Te quiero», citado en *Amoris laetitia*, 19 de marzo de 2016.

J. L. Borges, *Elogio de la sombra*, Adelphi, 2017, Milán.

J. L. Borges, *Calle Desconocida*, de *Fervor de Buenos Aires*, Adelphi, 2010, Milán.

John Donne, *Poemas de amor. Poemas teológicos*, Einaudi, 1971, Turín.

F. M. Dostoyevski, *El adolescente*, Einaudi, 2005, Turín.

F. M. Dostoyevski, *Los hermanos Karamazov*, Mondadori, 2010, Milán.

F. M. Dostoyevski, *Memorias del subsuelo*, Neri Pozza, 2021, Vicenza.

Gabriel García Márquez, *Discurso de aceptación* del Premio Nobel de Literatura, 1982, citado en Discurso con motivo del viaje apostólico a Colombia, 7 de septiembre de 2017.

Don Giussani, *A través de la compañía de los creyentes*, 2021, Milán, citado en Mensaje, 29 julio 2023.

Friedrich Hölderlin, *Tutte le liriche*, Meridiani Mondadori, 2001, Milán.

Hildegarda de Bingen, *Lettere* cit. en A.H. King-Lenzmeier, *Hildegarda de Bingen. La vita e l'opera*, Gribaudi, 2004, Turín.

Mary Karr, *Quando mio figlio mi portaò in chiesa* en *L'Osservatore Romano*, 26 de marzo de 2020.

Søren Kierkegaard, *Diario, Las grandes obras filosóficas y teológicas*, Bompiani, 2013, Milán.

Madre Teresa de Calcuta, *Cristo en los Pobres*, 1981 cit. en *Gaudete et exsultate*, 107.

Martin Luther King, Sermón pronunciado en Dexter Avenue Baptist Church, Montgomery, Alabama, 17 de noviembre de 1957, citado en *Amoris laetitia*, 118.

B. Lonergan, *El futuro del cristianismo*, cit. en Homilía, 28 de julio de 2022.

Ethel Mannin, *Tardi ti ho amato*, *La Civiltà Cattolica / Corriere della Sera*, 2014, Milán.

Alessandro Manzoni, *Los novios*.

Alda Merini, *Francesco. Canto di una creatura*, Frassinelli, 2007, Milán.

Vinicius de Moraes, *Para vivir un gran amor*, cit. en *Querida Amazonia*, 46.

Novalis, *Canti spirituali*, Garzanti, 1986, Milán.

Novalis, *Inni alla notte*, Feltrinelli, 2012, Milán.

B. L. Pasternak, *Doctor Zhivago*, Feltrinelli, 2005, Milán.

Octavio Paz, *Fraternidad,* citado en Discurso, 17 de febrero de 2016.

Charles Péguy, de *El pórtico del misterio de la segunda virtud,* Medusa, 2014, Nápoles.

S. Oscar A. Romero, «Su pensamiento», San Salvador, 2000, cit. en *Christus vivit*, 156.

Francisco de Sales, *Entretiens spirituels*, cit. en *Totum Amoris Est*, 28 de diciembre de 2022.

William Shakespeare, *El mercader de Venecia*, editado por Dario Calimani, Marsilio, 2016, Venecia.

J. R. R. Tolkien, *El señor de los anillos,* Bompiani, 2014, Milán

Giuseppe Ungaretti, *Vida de un hombre - Todos los poemas*, Mondadori, 2009, Milán.

Virgilio, *Eneida*, Rizzoli, 2007.

Elie Wiesel, *Desde el reino de la memoria*, citado en Discurso con motivo del viaje apostólico a Chipre y Grecia, 5 de diciembre de 2021.

PELÍCULAS

El festín de Babette, dirección y guion de Gabriel Axel, Dinamarca, 1987.

La vida es bella, dirección de Roberto Benigni, guion de Roberto Benigni y Vincenzo Cerami, Italia, 1997.

Roma, città aperta, dirección de Roberto Rossellini, guion de Sergio Amidei, Federico Fellini, Ferruccio Disnan, Celeste Negarville, Roberto Rossellini, Italia, 1945.